Topos-Taschenbücher

Anneliese Wilbertz

Kleine Elternschule für religiöse Erziehung

Topos-Taschenbücher

CIP-Kurztitelaufnahme der Deutschen Bibliothek

Wilbertz, Anneliese:
Kleine Elternschule für religiöse Erziehung / Anneliese Wilbertz. –
1. Aufl. – Mainz: Matthias-Grünewald-Verlag, 1985.
(Topos-Taschenbücher ; Bd. 150)
ISBN 3-7867-1171-2

NE: GT

 1. Auflage 1985
Umschlag: Foto Hartmut Schmidt, Freiburg
Satz: Studio für Fotosatz, Ingelheim
Druck und Bindung: Clausen & Bosse, Leck

Inhalt

Vorwort

Neulich erzählt mir eine Lehrerin: „Ich habe ein erstes Schuljahr, völlig andere Kinder als in den Jahren vorher!“
„Noch unruhiger?“
„Von Unruhe keine Spur. Das genaue Gegenteil. Leblos. Ich erzähle Geschichten, singe ein Lied vor, versuche ein Gespräch – nichts, kein Echo. Am nächsten Tag, wenn ich etwas wiederholen will, kommt erst recht keine Antwort. Ich komme mir vor wie ein Clown in einer Trauergesellschaft. So etwas habe ich in all den Jahren noch nicht erlebt. In der Parallelklasse ist es so ähnlich. Was ist nur mit den Kindern los?
Wir kommen nicht dahinter. Da hat meine Kollegin einen Einfall, sie fragt: ‚Wer hat gestern abend *Dallas* gesehen?‘ Alle Finger gehen hoch! Was mache ich in der Schule mit diesen Kindern?“
Ich weiß es nicht.
Wo können Dallas- und Denver-Kinder religiöse Erfahrungen machen?
Ich weiß es nicht.
Ich weiß nur, daß Eltern sich entscheiden müssen, mit welchen Mitteln und Wegen sie ihren Kindern den Weg ins Leben zeigen wollen.
Dieses Buch soll eine Hilfe für jene Eltern sein, die ihren Kindern auf der Grundlage ihres Glaubens Geborgenheit und Lebenszuversicht vermitteln wollen. Oft werden sie eine Gruppe suchen, einen Eltern- oder Familienkreis oder einfach das Gespräch mit Freunden, um diese Fragen gemeinsam anzugehen. Dem dienen die „Gesprächsanregungen“ am Ende jedes Kapitels.
Die meisten der folgenden Abschnitte gehen zurück auf eine Artikelserie in der Zeitschrift „Frau und Mutter“; deren Re-

dakteurin, Frau Ruth Ahl, sei an dieser Stelle herzlich für alle Anregung und Unterstützung gedankt.

Mönchengladbach, im Herbst 1984 *Anneliese Wilbertz*

Religiöse Erziehung – was ist damit gemeint?

Die Segnung der Kinder
Da brachte man Kinder zu ihm, damit er ihnen die Hände auflegte. Die Jünger aber wiesen die Leute schroff ab. Als Jesus das sah, wurde er unwillig und sagte zu ihnen: Laßt die Kinder zu mir kommen; hindert sie nicht daran! Denn Menschen wie ihnen gehört das Reich Gottes. Amen, das sage ich euch: Wer das Reich Gottes nicht so annimmt wie ein Kind, der wird nicht hineinkommen. Und er nahm die Kinder in seine Arme; dann legte er ihnen die Hände auf und segnete sie (Mk 10,13–16).

Haben Sie schon einmal einen Vater oder eine Mutter gefragt, wie sie es mit der religiösen Erziehung ihrer Kinder halten? Ich wohl. Einige zögernde Antworten waren: „Da fragen Sie lieber jemand anders, ich mache das bestimmt nicht richtig." – „O, da tue ich zu wenig." – „Wissen Sie, wir gehen nicht jeden Sonntag in die Kirche, geregelte Praktiken fehlen bei uns." – „Ich weiß gar nicht, wann ich das zuletzt getan habe." Diese Antworten zeigen eine Menge Unsicherheit und Verlegenheit. Sie wären aber wahrscheinlich ähnlich ausgefallen, wenn ich nach der Erziehung überhaupt gefragt hätte. Wir Eltern sind uns heute so sehr der Schwierigkeiten von Erziehung und der Kritik an Erziehungsstil und -methoden bewußt, daß der erste Gedanke zum Thema Erziehung den möglichen eigenen Fehlern gilt. Ein unbefangenes Erzählen vom eigenen erzieherischen Handeln gibt es selten. Beim Stichwort religiöse Erziehung scheint die Verlegenheit noch größer zu werden, bis hin zu Schuldgefühlen. Problembewußtsein ist sicher nötig, aber es darf die Handlungsfähigkeit nicht lähmen. Was wir brauchen, ist Mut zum Erziehen. Und Mut zum Erziehen schließt den Mut zu Fehlern ein. Schließlich haben junge Eltern nirgendwo gelernt, Eltern und Erzieher zu werden. Es

gibt dafür keinen anderen Weg als das Lernen durch das Tun, und das geht nicht ohne Fehler. Ob sich jemand auf dieses neue Lernfeld mit einem jungen Menschen freut oder ob es ihn eher ängstigt, hängt sicher auch von seinen vorgängigen Lebens- und Lernerfahrungen ab. Jedenfalls ist Freude am Erziehen nicht ausgeschlossen.
Weil es keine Vorbereitung und Einübung für die Elternrolle gibt, werden die Muster für Erziehung und Familienleben meist aus den eigenen Herkunftsfamilien genommen, selten in bruchloser Weiterführung, häufig in dem Bemühen, die wirklichen oder vermeintlichen Fehler der eigenen Eltern auf jeden Fall zu vermeiden. Wer z.B. mit Sprüchen wie: „Ein Auge ist, das alles sieht, auch was in dunkler Nacht geschieht" groß wurde und darunter gelitten hat, wird sich zu Recht hüten, die eigenen Kinder ähnlich zu erziehen. Allerdings ist das Vermeiden von Erziehungsfehlern, die man am eigenen Leib vielleicht bitter erfahren hat, noch keine hinreichende Grundlage für die eigene Erziehungstätigkeit. Junge Eltern, die nur wenige Praktiken aus ihrer Herkunftsfamilie übernehmen können oder wollen, haben es nicht leicht. Ich denke jedoch, daß die erfreulich große Gesprächsbereitschaft der jungen Generation dazu genutzt werden kann, in Gesprächsgruppen auch in Fragen der Erziehung Neuland zu gewinnen.

Geborgenheit und Lebenszuversicht vermitteln

Erziehung und religiöse Erziehung lassen sich nicht voneinander trennen. Es gibt in der Familie keine Extrastunden, in denen Kinder religiös erzogen werden. Weil das so ist, meinen viele Eltern, daß sie ihre Kinder zu wenig oder nicht richtig religiös erziehen, obwohl sie es in guter Weise tun. Sicher kommen bei vielen Eltern eine Menge positiver Beiträge zusammen, wenn sie ihr alltägliches Tun einmal ausdrücklich daraufhin befragen.

Dieser Einschätzung liegt allerdings die Auffassung zugrunde, daß im Miteinanderleben von Menschen und in Alltagssituationen Gott im Spiel ist, daß er da vorkommt und daß Menschen ihn da entdecken können. Anders ausgedrückt: Er läßt sich nicht nur in eher außergewöhnlichen Situationen wie Geburt, Tod, Bekehrung, Feier oder gar nur im kirchlichen Raum finden, sondern in unserem Alltag.

Wie Erziehung und religiöse Erziehung ineinander übergehen, das wird besonders deutlich, wenn man gedanklich unterscheidet zwischen bewußter, zielgerichteter Erziehung und den unverzichtbaren Vor- und Begleitbedingungen dazu, also dem, was die Fachleute „Sozialisation" nennen. Was ist mit dem zitierten Wort gemeint? Das Sozialwerden eines Kindes durch Teilnehmen am Leben einer Familie oder einer anderen Lebensgemeinschaft. Dabei handelt es sich um einen Vorgang, der sich aufbaut aus unzähligen, oft wiederholten Handlungs- und Verhaltensweisen, aus Gewohnheiten und Vertrautheiten, die sich in jeder Familie einmalig abspielen, bei aller Vergleichbarkeit mit den Verhaltensmustern in anderen Familien. Es ist im günstigen Fall ein Miteinanderleben in gegenseitiger Fürsorge und Rücksichtnahme, das jedem Familienmitglied Ansehen und Geborgenheit schenkt.

Kinder, die durch ihre Eltern liebevolle Pflege, Zuneigung, Geborgenheit erfahren, wachsen in dem Vertrauen auf, daß sie am richtigen Platz sind, daß ihr Leben eine Chance hat zu gelingen. Für solche Kinder wird die Rede vom menschenliebenden Gott kein leeres Wissen sein, sondern Lebenswissen. Umgekehrt: Ein Kind, das wenig Liebe erlebt, wird ein Sprechen von Gottes Güte und Liebe als Wort, als Begriff hören, den es nicht mit guten Erfahrungen füllen kann.

Neulich erzählte mir eine Katechetin, die von ihren Eltern verlassene oder vernachlässigte Kinder auf die Kommunion vorbercitete, sie habe mit ihnen Sterne gebastelt, um damit alten Leuten in der Pfarre eine Freude zu machen. Die Arbeit machte den Kindern Spaß, sie freuten sich, als die Sterne fertig

waren, sagten dann aber: „Die geben wir nicht ab. Die behalten wir selbst. Uns schenkt auch keiner was." Wie traurig und wie verständlich, wenn diese Kinder kein Beschenktwerden erlebt haben! Ebensowenig wird in der Regel ein ungeliebtes Kind andere Menschen lieben und an einen liebenden Gott glauben können.
Das Beispiel und die Überlegungen, jetzt positiv gewendet, machen auch deutlich, daß *alle* Eltern – ob sie sich selbst als religiös oder als nicht religiös bezeichnen – die nötigen Grundlagen für eine religiöse Erziehung schaffen, wenn sie ihren Kindern Geborgenheit und Lebenszuversicht schenken.

Christ-werden in vielen kleinen Schritten

Über die religiöse Sozialisation hinaus werden Eltern den Wunsch haben, ihr Kind bewußt religiös bzw. christlich zu erziehen. Sie treffen dabei die Entscheidung, daß es gut für ihr Kind ist, eine Verbindung zum Gott Jesu Christi zu finden. Diese Entscheidung beinhaltet auch das Ziel: Ihr Kind soll Christ werden. Mit den Worten aus der Feier der Kindertaufe ausgedrückt, heißt das: Ihr Kind soll Gott und den Nächsten lieben lernen, wie Christus es uns vorgelebt hat. Das sichtbare Zeichen dafür beginnt mit der Taufe. Aber diesem Beginn müssen viele Schritte folgen, denn Christ wird man ein Leben lang. Eltern, die ihre Kinder christlich erziehen möchten, müssen viele kleine Schritte mit ihrem Kind gehen: beim Beten, bei der Gewissensbildung, beim Einüben von Grundhaltungen, bei der Deutung von Alltagssituationen aus dem Glauben.
Ein Beispiel für die Bedeutung eines alltäglichen Anlasses für die religiöse Erziehung erfuhr ich von einer Mutter, deren kleine Tochter sichtlich traurig aus der Schule kam. Durch Fragen stellte sich heraus: „Die Claudia hat gesagt, ich bin bescheuert." Allmählich erfuhr die Mutter die ganze Geschichte.

Ihre Tochter hatte einem kleinen Türkenmädchen die Schuhe gebunden, weil es selbst das nicht konnte, denn die Schuhbänder waren „so rutschig". Da hatte Claudia gesagt: „Du bist ja bescheuert, dich dafür hinzuknien, ausgerechnet bei der da." Die Mutter erzählte daraufhin aus der Bergpredigt und sagte zu ihrer Tochter: „Was du getan hast, würde ich ‚barmherzig' nennen. Jesus möchte, daß wir so sind. Was du gemacht hast, ist prima." Worauf die kleine Tochter getröstet war: „Dann mach ich das so weiter. Soll die Claudia ruhig sagen, ich bin bescheuert, ich weiß ja jetzt, daß ich das tun soll."
Man hätte auf diesen Anlaß auch banal reagieren können, etwa: „Du bist nicht bescheuert, das wissen wir beide doch. Laß die Claudia reden, was sie will." Aber gerade da bleibt die Mutter nicht stehen. Sie bringt ihren Glauben ins Spiel. Sie zeigt ihrer Tochter einen Weg, die erlebte Situation mit christlichem Glauben in Verbindung zu bringen. Darauf kommt es bei religiöser Erziehung vor allem an. Es geht nicht in erster Linie um eine „richtige" Antwort, sondern darum, den anderen Menschen am eigenen Glauben teilnehmen zu lassen. Und das ist eben besonders gut da möglich, wo Menschen einander vertrauen können, in der Familie. Außerdem hätte wohl niemand so gut wie die Mutter die Niedergeschlagenheit der Tochter erkannt und die für dieses Kind „richtige" Antwort gefunden.
Das genannte Beispiel zeigt, wie ein Kind auf die Glaubensmitteilung der Mutter eingeht. Das muß nicht immer der Fall sein. Auch bei guter Vermittlung können die Kinder Zweifel anmelden, Einwände machen, die angebotene Deutung ablehnen. Damit müssen Eltern rechnen. Glauben läßt sich weitersagen und mitteilen, aber nicht übertragen oder gar überstülpen. Das Annehmen ist Sache des Kindes. Außerdem ist Glaube ein Geschenk, das letztlich nur Gott geben kann. Eltern können dazu helfen, sie können die kleinen Schritte mit ihrem Kind gehen und hoffen, daß es auf dem Weg zu Gott bleibt.

Gesprächsanregungen

Eine junge Frau sagt: „Unser Sohn wird erst drei Jahre, da hat es mit der religiösen Erziehung ja wohl noch etwas Zeit."

- Was halten Sie von dieser Äußerung? Was spricht dafür? Welche Überlegungen sprechen dagegen?

Manche Situationen wie die Geburt eines Kindes, Glück, eine wichtige Entscheidung, Abschied, Tod . . . können für Erwachsene Gelegenheiten für religiöse Erfahrungen sein. Mögliche Reaktionen darauf sind: staunen, stillwerden, nachdenken, beten, sich freuen . . .

- Wenn Sie sich an solche Erfahrungen erinnern und sie anderen mitteilen mögen, erzählen Sie einander davon. Können Kinder Ihrer Meinung nach solche Erfahrungen an Erwachsenen ablesen?

Ich sehe eine Verbindung zwischen dem Umgang Jesu mit Kindern (Kindersegnung) und dem, was Eltern tun in dem Bereich, der im vorangegangenen Kapitel mit „Sozialisation" beschrieben ist.

- Können Sie dem zustimmen oder halten Sie diese Parallele für abwegig?

Beten mit Kindern

Das Gleichnis vom bittenden Freund
Dann sagte er zu ihnen: Wenn einer von euch einen Freund hat und um Mitternacht zu ihm geht und sagt: Freund, leih mir drei Brote; denn einer meiner Freunde, der auf Reisen ist, ist zu mir gekommen, und ich habe ihm nichts anzubieten!, wird dann etwa der Mann drinnen antworten: Laß mich in Ruhe, die Tür ist schon verschlossen, und meine Kinder schlafen bei mir; ich kann nicht aufstehen und dir etwas geben? Ich sage euch: Wenn er schon nicht deswegen aufsteht und ihm seine Bitte erfüllt, weil er sein Freund ist, so wird er doch wegen seiner Zudringlichkeit aufstehen und ihm geben, was er braucht (Lk 11, 5–8).

Wann fängt das eigentlich an?

Eine Mutter steht am Bett ihres Babys und betet. Kann das einen Sinn für das Kind haben? Es *versteht* doch gar nichts. Es lächelt die Mutter an und strampelt, sie lächelt zurück. Ist das andächtiges Beten? Ich denke schon. Vielleicht hat die Mutter nie zuvor in ihrem Leben so andächtig den Schutz Gottes für einen Menschen gewünscht wie für dieses Kind. Und das Kind erlebt nach und nach, daß die Mutter oder die Eltern sich an jemanden wenden, dem sie zutrauen, daß er es gut mit ihnen allen meint. Das erste, was ein Kind durch das Beten der Eltern lernt, ist Vertrauen zu Gott, nicht bestimmte Worte. Ohne Vertrauen ist Beten nicht möglich.
Angela (1 3/4 J.) bekommt beim Gutenachtsagen ein Kreuzzeichen. Dabei wird ihr gesagt, daß alle aus der Familie sie lieb haben, daß Gott sie liebhat, daß er sie beschützt und bei ihr ist, auch wenn die anderen kurz darauf aus dem Zimmer gehen. Dieser Ritus des Abendgebetes hat sich ihr so eingeprägt, daß sie meistens beim Kreuzzeichen selber sagt: „Gott – lieb". Ab

und zu werden auch andere Personen von ihr genannt: „Mama lieb, Andreas lieb . . ." Sie hat sogar mitbekommen, wie in der Familie über Opas Tod gesprochen wurde und betete abends: „Opa – Gott".
Dagmar (2 J.) bezog in ihr Abendgebet alle ihr nahestehenden Personen ein. In ihrer Sprache hieß es dann: „Mama (be) schützen, Opa schützen, Papa schützen" usw.

Soll das Kleinkind Gebete lernen?

Mit dem Spracherwerb beginnt ein Kind also, einzelne Wörter aus dem Gebet der Eltern mitzusprechen, zu wiederholen oder von sich aus zu sagen. Vielleicht denken Eltern, sie sollten von diesem Zeitpunkt ab mit ihrem Kind ein Gebet auswendig lernen, damit es beten *kann*. Beten ist aber keine Leistung in Form von guten Formulierungen. Angela und Dagmar *können* schon beten, auf ihre eigene Weise. Ein kleines Kind braucht kein Gebet auswendig zu können, erst recht kein gereimtes. „Lieber Gott, mach mich fromm, daß ich in den Himmel komm!" sollte wirklich vergessen werden. Ein Kleinkind hat kein Verlangen nach dem Himmel, und es wird sich auch nicht so unfromm fühlen, daß es Gott bitten müßte, es „fromm" zu machen (falls es den Wortsinn überhaupt versteht). Zwar haben kleine Kinder Freude an Reihungen (siehe Angela und Dagmar), am Klang der Worte und besonders an Reimen, deswegen wären gute gereimte Gebete ein Zugeständnis für diese Altersstufe, aber ich kenne keine. Der Reim macht noch kein Gebet. Vielleicht gibt es jedoch in manchen Familien eigene gereimte Gebete, die wirklich gut sind. Eltern und Kinder sind manchmal sehr erfinderisch. Jedenfalls sollte das Reimgebet nur eine Möglichkeit unter anderen sein, sonst könnte das Kind denken, beten heißt: Gott Sprüche oder Gedichte aufsagen, und das wäre fatal. Das Kind muß erfahren, daß zum Beten keine Sondersprache gehört, daß es vielmehr die Wörter sagen kann, die es auch sonst im Alltag verwendet. Dann ist es also richtig, ein Gebet in der Alltagssprache auswendig lernen zu lassen? Auch hier – wie beim gereimten Gebet – besteht die Gefahr des Aufsagens, vielleicht sogar des Leierns. Gegen Wiederholung nach bestimmten Zeitabständen ist allerdings nichts einzuwenden. Aber das ist sicher: Gebete lernen heißt noch nicht beten lernen.

Beten ist leichter als zu benennen, was Beten ist

Es scheint nicht ganz leicht zu sein, sich darüber zu verständigen, was Beten ist. In der Grundschule wird Jutta (9 J.) von der Lehrerin gefragt, ob abends zu Hause gebetet wird. Ihre Antwort: „Nein." Als ihre Mutter das hört, ist sie entsetzt: „Wieso tun wir das nicht? Das Nachdenken und Sprechen über die schönen Seiten des vergangenen Tages, die Freuden, aber auch die Leiden, das Ausweiten der Gedanken auf Menschen, denen es nicht so gut geht wie uns, die Vermittlung der Zuversicht, daß Gott für alle sorgt, daß er Menschen, deren Not wir nicht lindern oder ändern können, nicht im Stich läßt, das alles ist für mich Gebet." Warum auch nicht? Die Lehrerin war von festformulierten Gebeten ausgegangen und hatte dann die Frage gestellt. In diesen Zusammenhang gesetzt, hatte Jutta das abendliche Beten nicht als Gebet erkannt und somit die Frage verneint.

Natürlich sind beide Formen von Gebet wichtig, das freiformulierte wie das festformulierte. Eine größere Gemeinschaft ist sogar um des gemeinsamen Tuns willen auf das festformulierte Gebet angewiesen. Das freiformulierte Gebet scheint mir jedoch den Vorrang zu haben, wenn man Kinder zum Beten hinführen möchte. Es ist die spontane Antwort auf die täglichen Erlebnisse: Geschehnisse und Begegnungen mit Menschen als Lob und Dank, Bitte und Fürbitte oder auch als Frage und Klage. Es kommt dem biblischen Beten sehr nahe, von dem es im „Gotteslob“ (S. 17) heißt: „In der Bibel gehört das Beten ganz selbstverständlich zum Leben, so selbstverständlich, daß es ursprünglich kein eigenes Wort dafür gegeben hat. Beten ist ein Rufen, Jubeln, Klagen, Bitten, Flehen, je nach der Situation des Menschen.“

Für Kinder ist die Auffassung, daß Gott an ihrem Alltag Anteil hat, ganz selbstverständlich, sonst würden sie nicht so unbefangen Puppe und Auto, Spiel und Streit in ihr Gebet einbeziehen. Eltern sollten auf keinen Fall eingreifen, um auf „Wichtigeres“ aufmerksam zu machen. In der kindlichen Welt sind nun einmal andere Dinge und Begebenheiten wichtig als in der Welt der Erwachsenen. Die Einstellung dazu ändert sich mit dem Heranwachsen von selbst. Und im übrigen: Wer weiß, ob die Kinder mit ihrer Gewichtung die Erwachsenen nicht manches Mal ins Unrecht setzen.

In der Regel fällt es Kindern leicht, für das zu danken, woran sie den Tag über Freude hatten. Je älter sie sind, desto mehr können sie dabei „erzählen“, und die Eltern können durch Anregungen und eigene Beiträge das Gebet erweitern.

Manchmal haben die Kinder besondere Erlebnisse, die so ausstrahlen, daß sie sich gerne daran erinnern und öfter davon sprechen möchten. So sagte der kleine Stefan beim Abendgebet zu seinem Vater: „Von heute fällt mir gar nichts ein, aber gestern war ein so schöner Tag, davon möchte ich noch einmal beten.“ In diesem Fall ist die Wiederholung sicher kein Zeichen von Leere.

Auch ein Kind erfährt nicht nur Freude und Glücklichsein, sondern ebenso Angst, Leid, Krankheit, Streit . . . Deshalb wird sein Beten nicht nur Dank sein können, sondern auch Wunsch und Bitte oder eben Ausdruck dessen, was bedrückt. Wenn das Gebet Streit beinhaltet, an dem das Kind mitbeteiligt war, oder anderes Fehlverhalten, müssen Eltern sehr vorsichtig sein, Gott nicht als mächtigen Miterzieher einzuspannen. Die Gefahr ist besonders groß, wenn der Ärger zum Zeitpunkt des Betens noch anhält. Dann können leicht Formulie-

rungen entstehen wie: „Guter Gott, du bist heute sehr böse über Barbara, sie hat wieder nicht gehört . . ." Solche Gebetsäußerungen sind unmöglich. Sie verdunkeln das Bild eines guten Gottes. Richtig wäre ein ruhiges Gespräch, das möglicherweise die elterlichen Fehler mitbedenkt. Daran könnte sich als Gebet anschließen: „Guter Gott, du möchtest, daß die Menschen sich gern haben. Bei uns gab es heute Streit und Ärger. Das tut uns allen leid. Aber wir sind jetzt nicht mehr böse aufeinander . . ."
Es gibt eine Fülle von Gebetbüchern für Kinder im Vorschul- und Grundschulalter. Soweit sie sich als Anregung für das Beten mit Kindern verstehen und nicht als Vorbilder, können sie gewiß hilfreich sein. Sie müßten allerdings in der Familie auch als Anregung genutzt werden und nicht als Ersatz für eigene Gebete. Wer ein Gebetbuch verwendet, muß ausprobieren, ob das eine Engführung oder eine Bereicherung für das Gebetsleben bringt.

Die Gebetserziehung bei größeren Kindern

Besondere Schwierigkeiten macht das Bittgebet. „Was ich mir wünsche, das muß ich bekommen", ist eine bei Kindern stark ausgeprägte und bei Erwachsenen noch vorhandene Haltung. So berechtigt Wünsche und Bitten auch sein können, sie dürfen nie mit Forderungen verwechselt werden. Das muß ein Kind lernen, in seinem Umgang mit anderen und in seinem Umgang mit Gott. Zu einer noch so dringenden Bitte gehört die Entsprechung: „Wie du willst." Gott bleibt auch in seiner Güte unberechenbar und unverfügbar.
Das Bittgebet sollte außerdem über die persönlichen Belange hinausgeführt werden zum Fürbittgebet für andere. Je mehr das Kind in soziale Verflechtungen hineinwächst, desto mehr sollten auch die Anliegen anderer Menschen in seinen Blick kommen. Daraus erwächst das Fürbittgebet für andere, die in

Gefahr, in Schwierigkeit oder Not sind. Es sollte aber beispielsweise nicht heißen: „Gott, mach, daß die Hungernden zu essen bekommen." Einem solchen Gebet liegt das falsche Gottesbild zugrunde, daß Gott alles macht (Lieber Gott, mach mich fromm). Das Wirken Gottes ist eine Geschichte *mit* den Menschen, nicht ohne sie. Deshalb muß das Fürbittgebet das Mittun des Menschen einschließen: „Gott, hilf mir, daß ich bereit bin, von meinem Überfluß für Hungernde abzugeben."

Auch bei guter Gebetserziehung wird es Probleme geben, besonders in der Pubertät. So kommt der 13jährige Jürgen wütend nach Hause: „Jetzt habe ich so fest gebetet, und die Mathearbeit ist doch daneben." Und weiter zu seiner Mutter: „Aber du sagst, daß Beten hilft." Kinder in diesem Alter stehen oft in Opposition zu Erwachsenen, sie reagieren auf Mißerfolge besonders heftig. Die Mutter spricht lange mit Jürgen. Darüber, daß Gott nicht Lückenbüßer für Faulheit ist. Aber so einfach hat er es sich nicht gemacht. Er nennt Beweise dafür, daß er geübt hat. Richtig geübt? Er denkt schon, aber als die erste Aufgabe nicht klappte, wurde er nervös. Die Mutter meint, er solle sich in solchen Augenblicken an Gott wenden, das gebe ihm seine Ruhe wieder. Daran hat Jürgen nicht gedacht. – Im Gespräch konnte einige Aggression abgebaut werden. Das Beispiel zeigt auch, daß Jürgen inzwischen ohne Vater und Mutter betet. Das ist gut so. Er hat beten gelernt.

In einer Kindergruppe gibt es ein Gespräch über Samuel, der von Gott dreimal gerufen wird. Dabei taucht die Frage auf, ob Gott auch uns ruft. Thorsten (9 J.) antwortet: „Ich glaube wohl. Manchmal denke ich etwas und merke nachher, daß ich bete." Ich bin nicht sicher, ob man diese Aussage so deuten darf, daß sie dem entspricht, was Paulus meint, wenn er sagt: „Der Geist Gottes betet in uns." – Jedenfalls hat Thorsten eine eigenständige Aussage über sein persönliches Beten gemacht.

Gegen Ende der Grundschulzeit beten viele Kinder lieber alleine. Das entspricht ihrer wachsenden Selbständigkeit.

Eltern müssen das respektieren. Als gemeinsames Gebet bleiben dann das Tischgebet und das Gebet bei besonderen Ereignissen in der Familie. Anders als bei den übrigen Gebeten gibt es bei den Tischgebeten einige gute in Reimform, z.B.:

Alle guten Gaben
alles, was wir haben,
kommt, o Gott, von dir.
Dank sei dir dafür.

oder:

Zwei Dinge, Herr, tun not,
die gib in deiner Huld:
gib uns das täglich Brot,
vergib uns unsre Schuld.

Weil Tischgebete immer zum selben Anlaß gebetet werden, ist die Gefahr gegeben, in Eintönigkeit zu verfallen und immer dasselbe Gebet zu sprechen. Vielleicht ist es dann gut, jemanden in der Familie zu haben wie Christoph, der sagt: „Ich bin die Beterei leid. Können wir nicht mal was singen?“ Seitdem wird im Wechsel mit Gebeten öfter einmal gesungen. „Segne, Vater, diese Gaben. Amen.“
Wenn Kinder gute Ideen haben, sollten sie damit zum Zuge kommen. So bürgerte sich in einer Familie in der Adventszeit die Sitte ein, zu jeder Mahlzeit am Adventkranz die entsprechende Zahl von Kerzen anzuzünden und das Lied zu singen: „Wir sagen euch an den lieben Advent!“ – auch mit der entsprechenden Anzahl von Strophen. Vom vierten Adventssonntag ab fanden die Eltern das sehr strapaziös, aber die Kinder bestanden auf diesem Zeremoniell.
Das Gebet bei Tisch ist heute nicht mehr selbstverständlich. Das wissen auch die Kinder, bei denen es zu Hause noch üblich ist. Als Thomas (12 J.) einen Freund zum Essen mit-

bringt und die Familie noch wartet, bis dieser bei Tisch ist, sagt er: „Ihr könnt ruhig schon anfangen, Klaus legt keinen Wert auf Beten!"

Gesprächsanregungen

Hier sind Redewendungen und Zitate über Beten und Gebet gesammelt:

Not lehrt Beten.

Das Gebet ist nichts anderes als die Aufmerksamkeit in ihrer reinsten Form.

An der nackten Wand
ist nur ein einziger Nagel übrig
zu einem Bild, das verschwunden ist.
Braucht es mehr
um zum Beten anzuregen,
wo doch drei Nägel
den Heiland der Welt trugen? (Helder Camara)[1]

Mach aus Gott nicht
dein Kopfkissen,
noch aus dem Gebet
dein Federbett. (Helder Camara)

- Wählen Sie ein Zitat aus, das für Sie besonders wichtig ist, und teilen Sie Ihre Wahl und die Begründung dafür den anderen mit.

[1] Helder Camara, Mach aus mir einen Regenbogen, Zürich [4]1982, Seite 17 und 13.

Von der Bedeutung des Betens läßt sich oft mehr in einem bildhaften Vergleich aussagen als in einer möglichst genauen Beschreibung. Mögliche Metaphern sind:
Beten ist wie frischer Wind in stickiger Luft.
Beten ist wie ein Licht am Ende eines dunklen Weges.
- Suchen Sie selbst andere Bilder und sprechen darüber.

Beim Beten mit Kindern kommen sowohl festformulierte als auch spontan gesprochene Gebete vor.
- Nennen Sie der Gruppe ein Gebet oder Gedanken aus einem Gebet, das in der letzten Zeit gebetet wurde. Bevorzugen Sie freie oder festformulierte Gebete? Zeigen die Kinder eine andere Neigung als die Eltern? Gab es Schwierigkeiten mit dem Beten? Gab es frohmachende Erlebnisse?

Gebet
In der Schule haben die Kinder ein Gebet besprochen. Um das tägliche Brot geht es darin. Nun sollen sie das Gebet auswendig lernen. Aber Klaus paßt das nicht. Er fragt sich: Warum soll ich das Gebet lernen? Bei uns zu Hause wird nicht gebetet. Und wozu auch? Wenn ich Brot haben will, muß ich zum Kaufmann gehen und welches holen. Das Geld dafür muß Vati verdienen. Für ein Gebet kann ich mir nichts kaufen. Für ein Gebet gibt mir niemand etwas.
Und doch beten Tag für Tag Millionen Menschen in aller Welt: „Unser täglich Brot gib uns heute." Wie kommen sie nur dazu?
(Gisela Schütz, in: Vorlesebuch Religion 3, S. 318)

- Geben Sie eine Antwort auf die letzte Frage im Text. Im Text werden noch weitere Fragen angesprochen, die sich auch für Ihre Kinder stellen können. Wie sprechen Sie mit den Kindern darüber?

Das religiöse Gespräch in der Familie mit jüngeren Kindern

Die Frage nach dem wichtigsten Gebot
Ein Schriftgelehrter hatte ihrem Streit zugehört; und da er bemerkt hatte, wie treffend Jesus ihnen antwortete, ging er zu ihm hin und fragte ihn: Welches Gebot ist das erste von allen? Jesus antwortete: Das erste ist: Höre, Israel, der Herr, unser Gott, ist der einzige Herr. Darum sollst du den Herrn, deinen Gott, lieben mit ganzem Herzen und ganzer Seele, mit all deinen Gedanken und all deiner Kraft. Als zweites kommt hinzu: Du sollst deinen Nächsten lieben wie dich selbst. Kein anderes Gebot ist größer als diese beiden. Da sagte der Schriftgelehrte zu ihm: Sehr gut, Meister! Ganz richtig hast du gesagt: Er allein ist der Herr, und es gibt keinen anderen außer ihm, und ihn mit ganzem Herzen, ganzem Verstand und ganzer Kraft zu lieben und den Nächsten zu lieben wie sich selbst, ist weit mehr als alle Brandopfer und anderen Opfer. Jesus sah, daß er mit Verständnis geantwortet hatte, und sagte zu ihm: Du bist nicht fern vom Reich Gottes (Mk 12,28–34).

„Haben Sie es gern, wenn Ihr Kind Fragen stellt, die Sie aus dem Glauben beantworten müssen?" – „Eigentlich schon, aber ob ich immer richtig antworte?" – „Ich freu mich jedesmal über eine solche Gelegenheit."
Das sind unterschiedliche Reaktionen, die das mögliche Gespräch stark prägen, auch wenn sie gar nicht ausgesprochen werden. Kinder spüren, ob ihre Fragen Unsicherheit und Unbehagen oder Unbefangenheit und Freude auslösen.

Sind Fragen nur lästig?

Zunächst einmal: Ist es gut, wenn ein Kind fragt? Ich meine ja. Ein Kind, das Fragen stellt, ist kein bloßer Konsument, der

Eindrücke, Nachrichten, Neuigkeiten wahllos sammelt, gedankenlos benutzt oder brachliegen läßt. Wenn ein Kind fragt, beginnt es, Wichtiges von Unwichtigem zu unterscheiden, auszusortieren und zu ordnen. Es baut sich damit eine Welt auf, in der es sich zurechtfindet. Darum *muß* ein Kind fragen. Das wird besonders deutlich im 3./4. Lebensjahr, dem sogenannten Fragealter, einer normalen Entwicklungsphase des Kindes. Die Kinder stellen dann so viele Warum-Fragen wie nie mehr in ihrem Leben. Nicht antworten oder Fragen unterbinden heißt: die kindliche Entwicklung behindern.
Welche Rolle Fragen spielen, das hat mir die fast dreijährige Anne neulich noch vorgeführt. Es war am ersten Weihnachtstag. Nach dem Kaffeetrinken ging der Onkel mit ihr spazieren. Als beide zurückkamen, erfuhren wir anderen, daß Anne plötzlich unbedingt die Krippe sehen wollte. Aber die Kirche war geschlossen. „Warum ist die Krippe zu?" Mit dieser Frage hatte sie die Unterhaltung auf dem Heimweg bestritten. Der Onkel hatte sich auf eine ausweichende Antwort verlegt, er wisse es nicht, er sei von auswärts. So wurden die anderen befragt. „Warum ist die Krippe zu?" Darauf die erste Belehrung: „Die Krippe ist nicht zu, die Kirche war zu." Diese Richtigstellung machte ihr keinen Eindruck. „Aber warum ist die Krippe zu?" – „Weil der Küster auch Kaffeetrinken will." Ein kurzes Stutzen und danach: „Und warum ist die Krippe zu?" – „Weil es schon dunkel wird, dann schließt einer die Kirche ab." – „Weil die Kirche nur offen ist, wenn Leute zum Gottesdienst gehen." – „Weil jetzt keiner mehr zur Krippe kommt." –––
Inzwischen waren Fragen und Antworten ein vergnügliches Spiel geworden. Es endete, als einer auf die Idee kam, Annes Aufmerksamkeit auf die häusliche Krippe zu lenken.
Nun beschäftigte der „Fall" die Erwachsenen weiter: Früher waren die Kirchen immer offen. Da konnte man Kindern einen solchen Wunsch erfüllen. Ein Kind muß lernen, daß ihm viele Wünsche nicht erfüllt werden. So schlimm ist das für Anne nicht, sie ist ja schon wieder anders beschäftigt. Trotz-

dem, es ist schade, daß immer mehr Kirchen außerhalb der Gottesdienstzeiten geschlossen werden wegen Diebstahl und Unfug, der dort getrieben wird. Stimmt, aber die Verhältnisse sind eben so. Kann man was ändern?

Im ganzen – abgesehen davon, daß sie die Weihnachtszeit zur Voraussetzung hat, eine alltägliche Episode. Ein Kind stellt, seinem Alter entsprechend, eine Warum-Frage, in diesem Fall diesselbe wiederholt. Was soll das? – Gewiß ist auch Vergnügen dabei, mit einer Frage für einige Zeit die Aufmerksamkeit auf sich zu ziehen, im Mittelpunkt zu stehen. Es macht Spaß, mit einer Frage Kontakt aufzunehmen. Aber darüber hinaus ist der Kern der Frage ein Wunsch; der Wunsch, die Krippe zu sehen. Dieser Wunsch wird durch alle Antworten weder erfüllt noch hinfällig. Und ist es etwa ein unberechtigter, unverschämter Kinderwunsch? Bringt er nicht eher die Erwachsenen in Verlegenheit, die solche schlichten Wünsche nicht mehr haben, die sich so schnell damit abfinden, daß man einem Kind eben manche Wünsche abgewöhnen muß?

Außerdem mag keiner der Erwachsenen Anne sagen, daß unsere Welt so beschaffen ist, daß mehr und mehr Kirchen geschlossen werden. Ob ein Kind nicht auch spürt, daß es noch mehr Begründungen gibt, als ihm auf seine Frage genannt werden? Auch deshalb wird die Frage wiederholt. Ein Kind muß manchmal lästig werden, damit die Erwachsenen merken, worauf es ihm ankommt; damit die zweite und dritte Antwort besser wird als die erste.

Wenn ein Kind seine Frage also hartnäckig wiederholt, ist das nicht unbedingt ein Zeichen für mangelndes Auffassungsvermögen oder ein lückenhaftes Gedächtnis, sondern eher dafür, daß die Antwort nicht befriedigt. Das Kind fragt weiter, weil es einen Sachverhalt noch nicht verstanden hat oder – wie im genannten Beispiel – weil es zwar vordergründig um eine Sache geht, eigentlich aber um einen Wunsch. Und dauert es nicht auch bei Erwachsenen lange, ehe sie sich Wünsche ausreden lassen – wenn überhaupt?

Josef Reding kennt offensichtlich die Kinder und ihre Fragen, er sorgt mit seiner „Ermunterung“ dafür, daß sie nicht mutlos werden.

Ermunterung[2]

Fragt, fragt, fragt,
bis man euch gesagt:
Warum die Sonnenuhr nicht tickt,
warum ein Neinsager nicht nickt,
ob Ohren Augenlider haben,
ob man versichert Unglücksraben?
Fragt, fragt, fragt!

Fragt, fragt, fragt,
bis man euch gesagt:
ob nur der ein guter Mann,
der am schnellsten schießen kann,
ob nur das 'ne gute Frau,
die am blanksten putzt den Bau?
Fragt, fragt, fragt!

Fragt, fragt, fragt,
bis man euch gesagt:
wie Vater eure Mutter nahm,
wie Mutter schließlich euch bekam,
warum man Grenzen noch errichtet,
warum man Ernten heut vernichtet?
Fragt, fragt, fragt!

Fragt, fragt, fragt,
bis man euch gesagt:

[2] Josef Reding, Guten-Tag-Texte, Balve [2]1975, S. 11. Rechte beim Autor.

warum der eine ist pampsatt,
der andere nichts zu beißen hat,
warum die einen höher stehn,
die anderen aber barfuß gehn?
Fragt, fragt, fragt!

Wer augenblicklich in der Situation lebt, daß er von Kinderfragen gelöchert, bombardiert, geplagt wird – die Ausdrücke sagen schon, daß das eine anstrengende Sache ist – der mag dem Text von Reding vielleicht nicht zustimmen. Ich denke dennoch, Eltern sollten ihre Kinder ähnlich ermuntern, denn nur so können Kinder eine Orientierung finden, und vielleicht kommen Eltern und Kinder durch Frage und Antwort auf viele neue Ideen und Lösungen.
Frage und Antwort sind zwar noch kein Gespräch, aber wie soll es zu einem Gespräch kommen, wenn die Kurzgespräche nicht stattfinden?

Es darf auch heiter zugehen

Es ist nicht immer ein äußerer Anlaß, der zu einer Frage führt und der es dem Erwachsenen erleichtert, eine Antwort zu geben. Kinder haben es an sich, aus heiterem Himmel Fragen zu stellen. Beim Mittagessen will der 6jährige Tobias unvermittelt wissen: „Hat Gott Schuhe an?" Das löst bei den älteren Geschwistern Gelächter aus und bei der Mutter die Gegenfrage: „Wie kommst du darauf?" – „Ja, ich möchte nicht, wenn Gott vom Himmel kommt, daß er dann mit Schuhen in meine Suppe fällt." In dieser Situation, der lockeren Atmosphäre beim Essen, reicht es sicher, wenn die Frage verneint wird, mit der Begründung, daß Gott kein Mensch ist, der Schuhe braucht. Es ist sicher nicht nötig, aus Sorge über das vermenschlichte Gottesbild des Kindes mit ausführlicher Belehrung zu antworten. Außerdem wird der Mutter erst später klar, daß der

Ausdruck „Gott kommt“, aus einem anderen Zusammenhang behalten, in Tobias konkrete Vorstellungen geweckt hat, die mit Bewegungsabläufcn zusammenhängen, für die man Schuhe braucht. – Selbst wenn ein Kind schon verstanden hatte, daß Gott nicht Mensch ist, nicht zu sehen ist, wird es durch unser Sprechen, wie in diesem Fall „Gott kommt“, wohl immer wieder dazu gebracht, sich das Gehörte anschaulich vorzustellen. Das ist unvermeidbar und läßt sich nur in immer neuen Ausdrucksversuchen korrigieren.

Tage später verblüfft Tobias mit einer weiteren Frage: „Warum läßt Gott gerade diesen schönen Apfel vom Baum fallen?“ Dieses Mal antwortet der ältere Bruder, ob scherzhaft oder ernst, ist nicht ganz ersichtlich: „Damit du jetzt besser drankommst.“ Auch diese Situation kann der Erwachsene so auf sich beruhen lassen ohne Erklärung, daß Gott keine Äpfel schüttelt und daß der vom Bruder hergestellte Zusammenhang recht willkürlich ist.

Tobias hatte die verstorbene Oma gern, er will mit ihr sprechen, er will sie anrufen. Die Mutter versucht zu erklären, daß Anrufen nicht möglich ist, daß er der Oma ohne Telefon erzählen soll, was er möchte. Um die Unmöglichkeit eines Anrufes zu unterstreichen, sagt sie: „Wir können nicht anrufen, wir haben keine Telefonnummer.“ Aber Tobias hat schon vorgesorgt: „Im Telefonbuch stehen die Nummern aber, ich weiß nur nicht, welche ich nehmen muß.“ Zum Beweis holt er das Buch und zeigt auf eine Reihe von Kreuzen vor den Nummern. Er hält sie für die Rufnummern der Toten – leider kann man damit nur Beerdigungsinstitute erreichen. Das ist für ihn zunächst ein trauriger Irrtum, über den er dann aber zum Glück auch lachen kann.

Eltern müssen sich vor allem darauf einstellen, daß das kleine Kind nicht nach der *Ursache* fragt, sondern nach dem *Sinn.* Die Frage: „Warum wächst das Korn?“ erfordert demnach nicht die Antwort: „Weil der Bauer den Acker bearbeitet und düngt und Sonne, Wind und Regen dazukommen,“ sondern: „weil wir Menschen das Getreide brauchen, um Brot daraus zu machen, das wir essen können.“ Das ist eine sinnvolle Antwort, die ein 3-4jähriges Kind in der Regel zufriedenstellt. Dennoch ist es nur die halbe Wahrheit. Als Ergänzung gehört dazu: „Gott hat in das Korn die Kraft gelegt, daß es wachsen kann.“ Das Beispiel zeigt auch, wie eine gängige Frage aus dem Glauben beantwortet werden kann.[3] Weil das so ist, wäre es eine Engführung, nur Fragen, die sich erkennbar auf einen religiösen, christlichen oder kirchlichen Inhalt richten, als Zugänge zum religiösen Gespräch zu verstehen. Es ist vielmehr wichtig, die Kinder ohne Einengung fragen zu lassen. Denn eine auf die wahrnehmbare Wirklichkeit bezogene Frage kann sowohl sachlich als auch sinngebend beantwortet werden. Außerdem läßt sich von keiner Frage beim ersten Hören sagen, wozu sie sich entwickelt. Manches Mal ist eine Angelegenheit mit Frage und Antwort erledigt, es kann sich ebenso ein kurzer Dialog daraus ergeben oder aber ein längeres Gespräch.

Da das jüngere Kind seine Umwelt über die fünf Sinne wahrnimmt – betastet, begreift, sieht, hört, riecht und schmeckt – und sich auf diese Art von Lernen konzentriert, ist es gar nicht verwunderlich, daß es auch mit Gott so verfahren will. „Wo wohnt Gott?“, „Warum kann ich Gott nicht sehen?“ sind demnach keine Fragen, aus denen zu schließen ist, daß heutzutage sogar der Kinderglaube angefochten ist oder daß sich die ersten kindlichen Zweifel anmelden, sondern eher ein Hin-

[3] Vgl. Heide und Jörg Zink, Kriegt ein Hund im Himmel Flügel? Gelnhausen [5]1972, S. 106f.

weis auf die ersten Grenzerfahrungen. Das Kind kommt mit seinen bisher erworbenen Fähigkeiten nicht weiter. Bei solchen Gelegenheiten wird es gut sein, die Aufmerksamkeit des Kindes auf Vorgänge und Wirklichkeiten zu lenken, die da sind, obwohl sie nicht gesehen werden. Vielleicht kennt das Kind schon aus dem Claudius-Abendlied die Strophe:

Seht ihr den Mond dort stehen?
Er ist nur halb zu sehen
Und ist doch rund und schön!
So sind wohl manche Sachen,
die wir getrost belachen,
weil unsre Augen sie nicht sehn.

Es kann spannend werden, mit dem Kind „manche Sachen“ zu suchen und seinen Blick zu weiten für die vielen unsichtbaren Dinge und Kräfte in unserer Welt. Dennoch kommen wir auch mit Beispielen und Vergleichen an eine Grenze: Gott ist anders als alles, was wir kennen. Das muß ein Kind allmählich lernen. Auch, daß seine Fragen an eine Grenze kommen: es gibt Fragen, die uns lange, vielleicht ein Leben lang beschäftigen, und es gibt Fragen mit Teilantworten. Das alles ist kein Grund, Fragen zu unterbinden. Von einem Arzt erwartet man beispielsweise auch nicht, daß er es aufgibt zu heilen, weil er nicht alle Krankheiten heilen kann.
Wenn oben gesagt wurde, das Kind fragt in erster Linie nach dem Sinn, so gilt das auch von der Gottesfrage. „Wer ist Gott?“ heißt wohl eher: „Wer ist Gott für mich? Was hat er mit mir zu tun?“ Die Antwort der Eltern kann in die Richtung gehen: „Er liebt dich, er ist für dich da.“ Das entspricht der biblischen Gottesvorstellung: „Ich bin der, der für euch da ist.“ Das wird dem Kind um so eher einleuchten, je mehr Geborgenheit und Liebe es in der Familie erfährt.

Eltern werden merken, daß die Fragen eines Kindes immer Anfragen an ihr eigenes Gottesbild sind. Sie werden herausgefordert, ihren Glauben auszudrücken. Das bedeutet für die meisten neues Nachdenken und Überprüfen, was ihnen an ihrem Glauben wichtig ist, und die vielleicht neue Erfahrung, ihren Glauben weiterzugeben und mitzuteilen. Wer das nicht völlig unbefangen kann, wird auch nach einer Sprache suchen, die das Kind versteht. Eine wertvolle Hilfe ist das Buch: „Was macht Gott den ganzen Tag?"[4] Darin werden gesammelte Kinderfragen, nach Themen geordnet, von einem Theologen und Eltern beantwortet, vorgestellt. Das Buch kann auch als Anregung verwendet werden, *von sich aus* mit dem Kind über Gott und Jesus, Himmel und Welt, über Heilige und Menschen in Glück und Leid zu sprechen. Es wäre nämlich bei aller Bedeutung der kindlichen Frage zu einseitig, die Initiative der Erwachsenen als möglichen Anstoß für ein religiöses Gespräch zu vernachlässigen.
Nicht zuletzt ist das Gespräch erforderlich, um neue Weichen in der Erziehung zu stellen. Eine Mutter hört ihrem Sohn Christoph (6 J.) beim Spiel mit seinen Handpuppen zu. Da gibt es z.B. einen Unfall. Für die erste Hilfe, den Transport ins Krankenhaus, die Regelung des Verkehrs ist jemand zuständig, der wenig später auch noch einen Feuerwehreinsatz leitet und zu einem guten Ende bringt. Dieser Jemand ist in Christophs Spiel mal Polizist, mal Gott. Nach einer Weile fragt die Mutter: „Wie stellst du dir Gott eigentlich vor?" Darauf Christoph: „Er kann alles." Die Mutter sagt nun in Erinnerung daran, daß sie die Aussage: „Gott ist allmächtig" früher verwendet

[4] Heinz-Manfred Schulz, Was macht Gott den ganzen Tag?, Mainz [8]1977; vgl. auch das Kinderbuch dazu: H.-M. Schulz und elf Kinder seiner Gemeinde, Wie wir den Glauben als Freude erleben, Mainz 1978.

hat: „,Gott kann alles', stimmt wohl, aber er tut es nicht alleine. Er will, daß die Menschen tun, was sie können."
Eine ganze Zeit später – Christoph ist jetzt fast sieben Jahre alt – ist Gott in seinem Spiel eine Art Superman geworden, der in Blitzesschnelle am Ort der bösen Tat ist, um das Unheil zu verhindern. Wieder war eine Aussage über Gott, nämlich „er ist überall" ein Grund dafür und außerdem natürlich auch die Faszination von Superman-Comics.
Kinder diesen Alters, die ja vorwiegend anschaulich denken, werden abstrakte Aussagen über Gott immer mit vorstellbaren Inhalten füllen. Und Erwachsene werden nicht aufhören (können), immer wieder solche Formulierungen zu gebrauchen. Deshalb sind im Verlauf der kindlichen Entwicklung immer wieder Gespräche nötig, die behutsam neue Akzente setzen.
Ein Grund, dem religiösen Gespräch auszuweichen oder es nicht zu wagen, liegt in der Befürchtung mancher Eltern, ihr religiöses Wissen reiche nicht aus. Sie fürchten, sich vor ihren Kindern zu blamieren, wenn sie sagen: „Das weiß ich nicht." Andererseits ist man heute glücklicherweise unbefangener bei solchem Eingeständnis. Selbst Fachleute wissen nicht alles. Warum soll es Eltern anders gehen? Was passiert, wenn sie ihrem Kind sagen: „Das muß ich nachlesen" oder „Ich muß mich danach erkundigen"? Das Kind lernt doch: Vater oder Mutter nehmen meine Äußerung ernst, sie beschäftigen sich damit um meinetwillen, ich habe sie mit meiner Neugier angesteckt. Das sind wichtige Erfahrungen, die das Vertrauen des Kindes in seine Eltern nur stärken können.
Auf den ersten Blick sieht es so aus, als seien die Eltern die allein Gebenden beim religiösen Gespräch. Sie lassen das Kind teilnehmen an ihrem Leben und Glauben, sie gebrauchen verständliche Worte, sie steuern die Aufmerksamkeit des Kindes, sie versuchen, sein Vertrauen zu stärken.
Eine anstrengende Sache, wenn man immer nur geben muß. Aber so ist das gar nicht. Das Kind trägt seinen Anteil zum Ge-

spräch durchaus bei. Es teilt seine Sicht der Dinge mit, oft erfrischend anders, als der Erwachsene es gewohnt ist. Damit gibt es Impulse, manches in neuem Licht zu sehen, Erfahrungen und Können zu mobilisieren und vielleicht auch auf Gedanken zu kommen, die bisher nicht gedacht waren. Zwischen Eltern und kleinen Kindern können sich Nehmen und Geben beim Gespräch durchaus die Waage halten.

Gesprächsanregungen

Es gibt Kinderfragen, zu denen sich leicht eine gute Antwort findet, andere, für die man länger nach einer Antwort sucht.

- Sammeln Sie einige Kinderfragen, die in der letzten Zeit in Ihrer Familie vorkamen. Besprechen sie die Antworten, die Sie gegeben haben, in der Gruppe. Wenn Sie mit Ihrer Antwort unzufrieden sind oder noch keine gefunden haben, suchen Sie mit den anderen nach Lösungen.

Lesen Sie das Gedicht von Josef Reding auf S. 27 noch einmal durch.

- Mit welchen Einzelermunterungen sind Sie einverstanden, welche würden Sie nicht befürworten?

Wer ist Gott? (B. 4 Jahre)
Gott ist der, der alles gemacht hat, die Sonne, das Wasser, die Pflanzen, die Menschen und der die Menschen alle sehr, sehr lieb hat.

Wie sieht Gott aus? (J. 6 Jahre)
Das wissen wir nicht. Noch kein Mensch hat Gott gesehen. Unsere Augen, mit denen wir die Blumen, die Wolken und die Menschen sehen können, sind nicht dafür geeignet,

Gott zu sehen. Wir werden aber einmal Gott sehen, wenn wir zu ihm kommen.[5]

- Wie beurteilen Sie die Antworten? Können Sie sie für Ihr Kind übernehmen? Wenn nicht, welche Formulierungen bevorzugen Sie?

Der graue Himmel
Es gibt den blauen Himmel und den grauen Himmel.
Der blaue Himmel ist immer schön. Manchmal hat er weiße Wolken.
Heute ist der Himmel grau. Da scheint die Sonne nicht.
Es ist kalt.
Es wird noch regnen.
Das Kind ist traurig.
Auf einmal sieht es mitten im grauen Himmel ein blaues Loch – und dort noch eines.
Das eine geht wieder zu. Das andere wird größer. Jetzt geht es auch wieder zu.
Vielleicht kommt es wieder.
Die Mutter sagt: „Heute ist ein grauer Tag."
„Nein", sagt das Kind, „der blaue Himmel ist da, Mutter.
Man sieht ihn nur nicht." (Irmgard von Faber du Faur)[6]

- Ein Kind macht eigenständig eine Entdeckung, die dem Erwachsenen entgeht. Hat Ihr Kind Sie schon einmal ähnlich überrascht?
  Können Sie sich vorstellen, Ihrem Kind diese Geschichte zu erzählen, wenn es im Gespräch um „Sehen – Nichtsehen, sichtbar – unsichtbar, Gott sehen wollen – ihn nicht sehen können" geht?

[5] Heinz-Manfred Schulz, Was macht Gott den ganzen Tag?, Mainz [8]1977, S. 31.

[6] Irmgard von Faber du Faur, zitiert nach: Dietrich Steinwede u.a. (Hg.), Vorlesebuch Religion 1, Lahr/Göttingen/Einsiedeln/Zürich 1973, S. 117.

Das religiöse Gespräch in der Familie mit älteren Kindern

Deutung des Gleichnisses vom Sämann
Als er mit seinen Begleitern und den Zwölf allein war, fragten sie ihn nach dem Sinn seiner Gleichnisse. . . .
Und er sagte zu ihnen: Wenn ihr schon dieses Gleichnis nicht versteht, wie wollt ihr dann all die anderen Gleichnisse verstehen? Der Sämann sät das Wort. Auf den Weg fällt das Wort bei denen, die es zwar hören, aber sofort kommt der Satan und nimmt das Wort weg, das in sie gesät wurde. Ähnlich ist das bei den Menschen, bei denen das Wort auf felsigen Boden fällt: Sobald sie es hören, nehmen sie es freudig auf; aber sie haben keine Wurzeln, sondern sind unbeständig, und wenn sie dann um des Wortes willen bedrängt oder verfolgt werden, kommen sie sofort zu Fall. Bei anderen fällt das Wort in die Dornen; sie hören es zwar, aber die Sorgen der Welt, der trügerische Reichtum und die Gier nach all den anderen Dingen machen sich breit und ersticken es, und es bringt keine Frucht. Auf guten Boden ist das Wort bei denen gesät, die es hören und aufnehmen und Frucht bringen, dreißigfach, ja sechzigfach und hundertfach (Mk 4, 10. 13–20).

Wenn sich schon beim religiösen Gespräch mit jüngeren Kindern Nehmen und Geben die Waage halten können, dann ist das beim Gespräch mit älteren Kindern sicher so. Erwachsene können viel von Kindern lernen. Dazu ein Beispiel. Ein neunjähriges Mädchen liest in einer Liste die Namen von Kindern, mit denen es demnächst in einer Gruppe auf die Kommunion vorbereitet wird: „Den kenne ich, die kenne ich nicht, die kenne ich," usw. Die Gruppenleiterin fragt: „Möchtest du lieber mit Kindern zusammen sein, die du alle kennst?" Nach kurzem Zögern sagt das Mädchen: „Nein, ich freue mich auch so auf die Gruppe, jedes Kind ist ja irgendwie prima!"

Ein kurzes Gespräch, aber dennoch zum Aufhorchen. Wer ist der Gebende, wer ist der Nehmende? Ist es jedem Erwachsenen so klar, daß *jedes* Kind „irgendwie prima" ist? Es handelt sich auch um ein religiöses Gespräch, obwohl religiöse Inhalte nicht ausdrücklich benannt werden, dennoch enthält es eine wichtige christliche Botschaft. Das Mädchen drückt in seiner Sprache aus, wie Nächstenliebe anfangen kann.

Andere Gesprächspartner – die Eltern nicht mehr gefragt?

Je älter die Kinder werden, desto mehr Möglichkeiten gibt es eigentlich für das religiöse Gespräch in der Familie, denn die Interessen der Kinder werden vielseitiger, ihre Erlebnisse und Erfahrungen umfangreicher. Obwohl es aber mehr Stoff, mehr Themen gibt, über die Eltern und Kinder miteinander sprechen können, nehmen die Gespräche in Familien mit älteren Kindern nicht selten ab. (Übrigens ein Hinweis darauf, daß das Wissen nicht die Hauptrolle beim Gespräch spielt.) Was sind die Gründe dafür? – Sicher ist, daß die Fragen älterer Kinder an ihre Eltern abnehmen, und zwar auch dann, wenn die Eltern in ihrer bisherigen Erziehung gerne auf Fragen eingegangen sind. Das hängt damit zusammen, daß die Kinder immer mehr Außenkontakte aufnehmen. Der Kreis von Menschen, die „in Frage kommen", an die sich ein Kind wenden kann, wird größer; Bekannte, Freunde, Lehrer. Das ist im ganzen gut so, denn das Kind braucht für seine Gesamtentwicklung Kontakte mit vielen Menschen. Damit ist die Rolle der Eltern als mögliche Gesprächspartner ja keineswegs gestrichen. Manchmal sieht es allerdings so aus, als ob sich das Verhältnis jetzt umkehrt. Wenn früher die Kinder Fragen stellten, tun es jetzt mehr und mehr die Erwachsenen. Und was die Eltern früher als anstrengend empfunden haben mögen, ist jetzt eine Anstrengung für die Kinder. Allerdings scheint es mir um eine andere Art Fragen zu gehen. Kinder stellen Lebensfragen, deren Beantwortung für ihre Orientierung, für den Aufbau ihres Welt-, Menschen- und Gottesbildes notwendig ist. Erwachsene richten solche Fragen nicht an Kinder, sondern an andere Erwachsene. Von den Kindern wollen sie wissen, ob die Aufgaben erledigt sind, ob der Freund kommt, ob die Schule Spaß macht, . . . , das sind eher Kontrollfragen, die sich selten eignen, ein Gespräch in Gang zu bringen. Ob es nicht auch möglich ist, hin und wieder mit Kindern „echte" Fragen zu besprechen?

Dazu braucht man keine guten Vorsätze. Es reicht, wenn die Gelegenheiten, die sich bieten, wahrgenommen werden. Einige Mütter und Kinder haben sich in einem Museum zum Besuch einer Ausstellung verabredet. Nicht zur Ausstellung, sondern zum Bestand des Museums gehörend, hängt an einer Wand eine Bildtafel von der Stammesgeschichte, die plötzlich die Aufmerksamkeit fesselt, vor allem die der Kinder. Nach einer Zeit des Einlesens und des Austausches über Einzelheiten, sagt eine Frau: „Die stellen das also auch dar, daß der Mensch vom Affen abstammt und daß die ganze Entwicklung Millionen von Jahren gedauert hat. Ich möchte nur wissen, wie das zur Bibel paßt, zur Erschaffung der Welt." Es gibt verschiedene Stellungnahmen und Äußerungen dazu, eine von der zwölfjährigen Sandra: „Wir haben das vor einiger Zeit im Religionsunterricht gehabt. Die Bibel und die Naturwissenschaft widersprechen sich nicht. Man darf die Bibel nur nicht wörtlich verstehen. – Da war noch was mit einer heiligen Zahl . . ." Mehr fällt ihr im Moment dazu nicht ein. Aber Interesse ist da. Und weil es sich um ein sehr umfangreiches Thema handelt, und die Ausstellung auch noch wartet, wird vereinbart, ein zweites Mal ausführlich miteinander darüber zu sprechen. Beinahe hätte sich noch ein weiteres Thema entwickelt. „Was die Kinder heute alles im Religionsunterricht lernen", aber da war ja noch die Ausstellung.

Der schulische Religionsunterricht, ob die Eltern sich nun mit den Inhalten beschäftigen oder nicht, wird oft so verstanden, daß er die Rolle der Eltern mehr und mehr übernimmt, vielleicht sogar ersetzt. Das ist jedoch ein Irrtum. Kein noch so gutes Unterrichtsgespräch ist ein Ersatz für das Glaubensgespräch in der Familie. Beide können sich gegenseitig ergänzen. Das Gespräch in der Kleingruppe Familie hat den großen Vorteil, daß es sich ergibt, und zwar meist aus einer lebensnahen Situation, seltener aus einem gegebenen Thema. Damit sind Motivation und Interesse gegeben, die in der Schule meist mühsam geweckt werden müssen. In der Kleingruppe Familie ist eine Vertrauensbasis eher vorhanden als in der großen Gruppe einer Klasse; deshalb ist das Klima günstig, eine Überlegung, eine Frage, eine Überzeugung probeweise zu äußern und allmählich Boden zu gewinnen für einen festen Standort, der ihnen selbst Halt gibt und den sie anderen gegenüber vertreten können. Das folgende Beispiel ist aus einem Buch genommen und spielt sich wohl zwischen jüngeren Kindern ab:

Der Mann am Balken[7]

„Warum hängt der Mann am Balken?“ fragte Achmed und zeigte auf das Kreuz.
„Das ist Jesus“, sagte Tilla.
„Wer ist das?“ fragte Achmed.
„Der hat gesagt, daß Gott alle Kinder liebhat“, sagte Tilla.
„Und warum hängt er da?“ fragte Achmed.
„Weiß auch nicht,“ sagte Tilla.
„Komisch“, sagte Achmed.

In Abwandlung gibt es sicher ähnliche Dialoge zwischen älteren Kindern und Jugendlichen. Bei einer guten Ergänzung von Schule und Elternhaus hoffentlich mit anderem Ergebnis! Eine solche Ergänzung steckt häufig noch in den Kinderschuhen, sie kann sich auf keinen Fall im Zeichen gegenseiti-

[7] Hans May, in: Vorlesebuch Religion 3, S. 371.

ger Kontrolle entwickeln, eher wenn die Kinder das, was ihnen wichtig ist, in der Schule oder zu Hause erzählen dürfen.
Reiner (13 J.) kommt von der Schule nach Hause und erzählt: „Heute war es spannend in Reli. Wir haben über ein Bild von Mutter Teresa gesprochen. Darauf kniet sie vor dem Papst und küßt ihm die Hand. Ich habe gesagt, daß ich das Bild zwar schön finde, daß ich aber lieber ein Bild sähe, auf dem der Papst vor Mutter Teresa kniet.
Einige aus der Klasse meinten das auch, vielen war es egal und viele waren gegen meine Meinung." Die Mutter war interessiert, sie bezog selbst Stellung; an das Gespräch in der Schule schloß sich ein weiteres zu Hause an.

Zeitmangel – eine Gefahr für das Gespräch

Je älter die Kinder werden, desto mehr sind sie außer Haus beschäftigt, manchmal in einem Umfang, der schon einen Terminkalender zur Bewältigung ihrer Aktivitäten erfordert. Die Berufstätigkeit vieler Eltern kommt hinzu. Das bringt es mit sich, daß die Gelegenheiten, bei denen eine Familie vollzählig oder mehrheitlich zusammen ist, gar nicht mehr so häufig sind. Damit ist natürlich auch die Möglichkeit für Gespräche eingeschränkt. Wenn das Gespräch in der Familie abnimmt, ist auch das religiöse Gespräch betroffen, denn die Übergänge zwischen beiden sind fließend. Eine Familie, die aus Zeitmangel in die Situation kommt, daß sich die einzelnen Familienmitglieder nur noch zwischen Tür und Angel unterhalten, wird ernsthaft nach Mitteln und Wegen suchen müssen, die Lage zu ändern. Die Gegebenheiten sind in jeder Familie anders. Für manche ist die Zeit günstig beim gemeinsamen Aufräumen der Küche nach dem Mittagessen, für andere beim Frühstück am Sonntag oder nach dem Abendessen an einem Tag in der Woche. Das muß ausprobiert werden. Jedenfalls steht es Christen gut, sinnvoll mit ihrer Zeit umzugehen und dafür zu sorgen, daß auch Zeit füreinander bleibt.

Zuwendung – unentbehrlich für das Gespräch

Zeit füreinander finden heißt nun nicht, daß die gesamte Familie Stunden miteinander im Gespräch verbringen muß. Die Zeitdauer – obwohl sie eine Rolle spielt – ist nicht das Ausschlaggebende, sondern die *Zuwendung.* Das bedeutet: beim Gespräch muß jeder „voll dasein", statt mit seinen Gedanken und Gefühlen an einer anderen Sache oder an einer anderen Person zu hängen. Zuwendung kann sogar bloßes Zuhören sein und Verstehenwollen, was der andere meint. Zuwendung ist besonders wichtig in der Reifezeit der Kinder. Sie sind dann oft nicht die angenehmsten Gesprächspartner mit ihrer Opposition, ihrem Aufbrausen oder schnellem Urteil. In dieser Zeit kann ein beginnendes Gespräch sehr schnell in ein Streitgespräch umschlagen. Zündstoff gibt es genug: Die Sonntagsmesse, die nun abgelehnt wird, die Überlegung, sich vom Religionsunterricht abzumelden, die anstehende Firmung. Dann reicht es nicht, wenn Eltern ihren Söhnen und Töchtern sagen: „Wir wünschen, daß du sonntags zur Messe gehst", oder „Du bist jetzt alt genug, du läßt dich firmen!" Eine aufsässig klingende Äußerung: „Ich laß mich nicht firmen, ich weiß nicht, wozu das gut sein soll", ist nicht in jedem Fall eine Ablehnung des Sakraments. Es kann sehr gut ein Hilferuf sein: „Sprich doch mit mir darüber, was Firmung bedeutet, was sie *dir* bedeutet!" Weil die eigene Firmung so lange her ist und vielleicht vergessen, weil es seitdem neue Zugänge zum Verständnis der Sakramente gibt, wird nicht jeder Vater und jede Mutter aus dem Stegreif antworten können.
Aber sie können sich mit der Sache beschäftigen, vielleicht sogar mit dem Jugendlichen gemeinsam, der in dieser Entwicklungsphase eindringlich nach Sinn für sein Leben sucht und nach Werten, für die sich der Einsatz lohnt. Dabei helfen Gebote und Anordnungen weniger als einsichtige und überzeugende Begründungen. Auch Vorbilder sind gefragt.
Zum Gespräch gehört Offenheit. Es ist nicht dadurch gut, daß

einer der Gesprächsteilnehmer recht hat, seine Meinung oder Überzeugung durchsetzt. Eltern werden es oft erleben, daß die von ihnen gewünschte Richtung durchkreuzt wird.
Ein Vater setzt voraus, daß sein Sohn (13 J.) in diesem Jahr gefirmt wird.

– Ich habe gehört, die Firmvorbereitung in der Pfarre beginnt. Deine Altersstufe ist dazu eingeladen, und die Jungen aus deiner Gruppe melden sich sicher an. Du doch wohl auch.
– Ich soll doch sonst nicht nachmachen, was die andern tun.
– Richtig. Du sollst dich auch nicht anmelden, *weil* die andern es machen. Ich dachte nur daran, daß eine gemeinsame Vorbereitung mit Freunden vielleicht mehr Freude macht.
– Ich will mich nicht firmen lassen.
– Wieso nicht?
– Ich kenne einige, die lassen sich firmen, weil das jetzt dran ist, der Jürgen zum Beispiel, aber der hat vorher und nachher nichts mit Kirche am Hut.
– Ich verstehe nicht, was das mit deiner Firmung zu tun hat, wenn es Jugendliche gibt, die sich ohne Überzeugung firmen lassen.

Das verstand der Sohn auch nicht ganz, er wollte sich jedenfalls nicht firmen lassen.

– Ich möchte gerne verstehen, warum du dich nicht firmen lassen willst. – Was gibt es denn sonst für Gründe?
– Das ist mir zu schwer. Da muß man doch Aufgaben übernehmen, oder?
– Das stimmt schon, aber was soll daran so schwer sein? Du übernimmst doch auch jetzt schon Aufgaben.
– Nein, Firmung ist mir zu schwer. Ich traue mir das nicht zu.

Das Gespräch setzte sich noch eine Weile fort. Der Vater hatte Mühe, die Schwierigkeiten zu verstehen, von denen der Sohn redete. Er verstand die Firmung eher als Gabe denn als Aufgabe, aber er merkte, daß sein Sohn diese Sicht im Moment nicht verstand. Er merkte auch, daß sein Sohn sich die Entscheidung nicht leicht machte und daß er noch Zeit und Gespräche brauchte, ehe er zur Firmung reif wäre.

In der Regel ist es mit einem einmaligen Gespräch nicht getan, wenn es um Tun und Lassen der Jugendlichen geht. Eine Mutter erzählte von einem Konflikt mit der Tochter, die die Sonntagsmesse versäumt hatte. Im Verlauf des Wortwechsels meinte die Tochter: „Du hast neulich gesagt, daß du nicht glaubst, in die Hölle zu kommen. Wenn du keine Angst vor der Hölle hast, warum richtest du dich so streng nach dem Sonntagsgebot?!" Die Mutter überlegte: Hatte ihre bisherige Erziehung die Angst vor der Strafe so in den Vordergrund gestellt? Wollte die Tochter nur von ihrem Verhalten ablenken? Sie erinnerte sich dann an ein kurzes früheres Gespräch mit der Tochter über die Hölle und fand heraus, daß die Tochter das jetzt als Aufhänger benutzte, um von der Mutter ein persönliches Glaubenszeugnis zu erhalten. – Aber hatte sie nicht immer schon einmal so zwischendurch erwähnt, daß die Predigt oder ein Gebet aus der Sonntagsmesse ihr während der Woche geholfen hatten? Das schon. Aber es war längere Zeit her. Offensichtlich kann man das nicht ein für alle Male tun. Eltern müssen immer wieder zur Sprache bringen, was ihr Glauben mit ihrem Leben zu tun hat. Die Jugendlichen brauchen beides: überzeugende Argumente für ihre Auseinandersetzung und das Glaubenszeugnis der Erwachsenen.

Gesprächsanregungen

Je älter Kinder werden, desto mehr Gesprächspartner haben sie außer ihren Eltern und Geschwistern.

- Ist Ihnen das recht? Fühlen Sie sich überflüssig?

Es wird gesagt, daß man durch Planung und Überlegung Zeit für Gespräche gewinnen kann.

- Halten Sie das für einen krampfhaften Versuch? – Welche Zeiten und Gelegenheiten sind in Ihrer Familie für Gespräche günstig?

Im Text S. 42 steht ein Gespräch zwischen Vater und Sohn anläßlich der Firmvorbereitung. Ein Gespräch zum Thema „Ich will mich nicht firmen lassen!“ kann auch völlig anders verlaufen.

- Probieren Sie in Rollenspielen als Vater/Tochter, Mutter/Tochter oder in anderen Kombinationen dieses Thema einmal aus. Auch andere Themen eignen sich: „Die Firmung der Eltern – Firmung heute“; „Welchen Paten soll ich wählen?“

Eine Zwölfjährige sagt zu ihrer Mutter: „Ich glaub ja an Jesus, aber nicht an Gott.“

- Wie kommt das Mädchen vermutlich zu dieser Aussage? Sammeln Sie in der Gruppe Gesichtspunkte für eine Antwort.

Christus hat keine Hände, nur unsere Hände,
um seine Arbeit heute zu tun.
Er hat keine Füße, nur unsere Füße,
um Menschen auf seinen Weg zu führen.
Christus hat keine Lippen, nur unsere Lippen,
um Menschen von sich zu erzählen.
Er hat keine Hilfe, nur unsere Hilfe,
um Menschen an seine Seite zu bringen. (Unbekannt)

- Der Text beschreibt, wie wir uns für andere einsetzen können.
  Gibt er Ihnen Anhaltspunkte für ein Gespräch mit Jugendlichen? Vielleicht gerade dann, wenn es darum geht, Leid zu lindern oder zu beseitigen?

Der Glaube braucht Geschichten

Jesus im Haus des Zöllners Zachäus
Dann kam er nach Jericho und ging durch die Stadt. Dort wohnte ein Mann namens Zachäus; er war der oberste Zollpächter und war sehr reich. Er wollte gern sehen, wer dieser Jesus sei, doch die Menschenmenge versperrte ihm die Sicht, denn er war klein. Darum lief er voraus und stieg auf einen Maulbeerfeigenbaum, um Jesus zu sehen, der dort vorbeikommen mußte. Als Jesus an die Stelle kam, schaute er hinauf und sagte zu ihm: Zachäus, komm schnell herunter. Denn ich muß heute in deinem Haus zu Gast sein. Da stieg er schnell herunter und nahm Jesus freudig bei sich auf. Als die Leute das sahen, empörten sie sich und sagten: Er ist bei einem Sünder eingekehrt. Zachäus aber wandte sich an den Herrn und sagte: Herr, die Hälfte meines Vermögens will ich den Armen geben, und wenn ich von jemand zu viel gefordert habe, gebe ich ihm das Vierfache zurück. Da sagte Jesus zu ihm: Heute ist diesem Haus das Heil geschenkt worden, weil auch dieser Mann ein Sohn Abrahams ist. Denn der Menschensohn ist gekommen, um zu suchen und zu retten, was verloren war (Lk 19, 1–10).

Erwachsene werden immer wieder durch Aussagen verblüfft, die Kinder aus Erzählungen und Gesprächen, an denen sie gar nicht beteiligt waren, aufschnappen und – gelegen oder ungelegen – wiedergeben. Wenn Besuch kommt, wenn erzählt wird, sind sie gerne dabei – oft mäuschenstill, und hören zu. Ein Zeichen dafür, wie wichtig es ihnen ist, durch das Hören Anteil zu nehmen.
Oft können sie auch äußern, daß sie eine Geschichte oder ein bestimmtes Geschehen hören wollen: „Oma, wie war das, als es noch keine Waschmaschine und keinen Kühlschrank gab?“ Die fünfjährige Anja brachte ihrer Mutter auf ihre Weise bei, daß es jetzt Zeit für eine Geschichte sei.

– Du brauchst nicht auf mich aufzupassen!
– Wieso nicht? (Hatte sie etwas vor, was die Mutter nicht sehen durfte?)
– Weil hier in der Wohnung keine Autos sind.
– Soll ich mich denn um dich kümmern?
– Nein.
– Also auch nicht. Und wieso eigentlich nicht?
– Weil ich nicht weiß, was ‚kümmern' heißt.
– Mich um dich kümmern heißt mit dir zusammen etwas tun.
– Ja, dann.
– Und wie soll ich mich jetzt am besten um dich kümmern?
– Eine Geschichte erzählen und singen.

Eine Geschichte hören ist also durchaus nicht nur der Wunsch eines Kindes, um den Tag zu verlängern. Manchmal wird sogar für eine längere Zeit ein und dieselbe Geschichte gewünscht. Das Kind kann sich offensichtlich nicht satt daran hören. Aber das ist nicht nur bei Kindern so.
Als Oma und Opa sich kennenlernten, als wir einmal kein Brot mehr im Haus hatten, diese und andere Geschichten aus der Verwandtschaft werden wohl in jeder Familie erzählt. Immer wieder. Wieso eigentlich? Jeder kennt sie doch längst. Das müßte langweilig sein. Statt dessen sind sie zum Lachen oder zum Weinen. Immer wieder. Nicht, weil Vergangenes an sich interessant ist, sondern weil diese Geschichten die Lebenden und die Toten einer Familie und die Lebenden untereinander verbinden. Weil sie dem Erzähler und dem Hörer helfen, das eigene Leben und das der anderen besser zu verstehen. Das gilt auch für biblische Geschichten.

Biblische Geschichten für Kinder

Nun sind die Akteure der biblischen Geschichten nicht unsere Verwandten, aber durch das Erzählen werden sie unsere guten

Bekannten. Ihre Geschichten verbinden uns mit ihnen und mit einer großen Erzählgemeinschaft. Sind uns die jahrtausendealten Geschichten des Alten und des Neuen Testaments deshalb so wichtig? Wohl auch. Aber mehr noch, weil sie die Erlebnisse und Erfahrungen der Menschen mit Gott sind – Geschichte Gottes mit den Menschen. Ist nicht jeder von uns manchmal Jakob, der sich den Segen durch ein Linsengericht erschleicht? Ist nicht jeder manchmal Abraham, der sich durch Gottes Ruf auf den Weg macht? –

Gottes Handeln zum Heil der Menschen kommt uns in Geschichten näher als in Sätzen wie „Gott ist gut" und „Gott liebt die Menschen". Unser Glaube braucht Geschichten. Deshalb erzählen Großeltern und Eltern biblische Geschichten. Sie möchten ihre Kinder an ihrem Glauben teilnehmen lassen. Eigentlich müßte der Erwachsene die biblischen Geschichten erzählen, die ihm selbst besonders am Herzen liegen, denn die eigene Betroffenheit ist die wichtigste Voraussetzung für das gute Erzählen. Wenn sich die Chance ergibt, sollte man sie nutzen. Aber es kann sein, daß die eigene Vorliebe und das Interesse des Kindes nicht zusammengehen, dann ist das Interesse des Kindes wichtiger.

Oft sind Kinder während einer Geschichte ganz Ohr. Das beeindruckt auch den Erzähler. Er erlebt, daß er nicht nur dürre Worte weitergibt. Die Worte wecken beim Kind Vorstellungen, Bilder, die sich tief einprägen. Oft ergibt die gesamte Geschichte ein einziges großes Bild. Deshalb können Kinder im Anschluß an eine Erzählung so gut malen.

Die Geschichte ist ein Anruf an das Kind, der nach Ausdruck verlangt, im Sprechen, Malen oder Handeln. Spiel und Malen sind besonders kindgemäße Ausdrucksweisen. Das Kind malt seine Empfindungen: Freude, Zuversicht, Wunsch, Angst und Trauer, die es in Worten vielleicht gar nicht ausdrücken kann, und was ihm sonst an der Geschichte wichtig ist. Bei jüngeren Kindern ist die Farbe das bevorzugte Ausdrucksmittel, weniger die Form. Wenn das Kind nur eine Farbe zur Verfü-

gung hat, malt es mit dieser einen Farbe alle Gegenstände in eben dieser Farbe. Wenn eine bestimmte Farbe zur Zeit die von ihm bevorzugte ist, werden Baum und Weg und Personen in der einen Lieblingsfarbe, z.B. rot gemalt. Es gibt bei Kindern die blaue oder rote Periode ähnlich wie bei modernen Malern. Im übrigen haben sie eine weitere Gemeinsamkeit mit manchen modernen Malern: Auch wenn ihnen eine große Farbpalette vorliegt, sie also in ihrer Farbwahl überhaupt nicht eingeschränkt werden, können sie ein blaues Schaf und einen roten Hirten malen. Die Realität spielt eine geringere Rolle als die Erlebnisqualität.Erwachsene dürfen also nicht ihre Maßstäbe von Realität und Erkennbarkeit anlegen, wenn sie mit einem Kind über dessen Bild sprechen. Am besten lassen sie sich vom Kind das Bild erzählen, statt ihre (möglicherweise falsche) Sicht zu benennen.
Auch beim Spiel sollte das Kind so viel Freiraum wie möglich haben. Es sollte ihm überlassen bleiben, ob es eine Geschichte mit Puppe und Bär, mit Handpuppen oder in eigener Person nachspielt, und ebenso welches Bild oder welche Szene es aus der Geschichte auswählt. So kann z.B. die Geschichte vom Hauptmann von Kafarnaum ein Kind dazu anregen zu sagen: „Ich bin jetzt der kranke Knecht." Dann spielt es die Rolle mit allen ihm vorstellbaren Handlungsweisen. Es mag sein, daß eine vom Kind genannte Wahl einen Bezug zu einer Erfahrung oder einen Wunsch erkennen läßt. Vielleicht war es kurze Zeit vorher krank, vielleicht möchte es wie ein Kranker verwöhnt werden. Es kann aber durchaus sein, daß für den Erwachsenen nicht deutlich wird, was ein Kind an der von ihm gewählten Rolle anregend und spannend findet. Jedenfalls sollten Eltern nicht dirigierend eingreifen: „Das steht gar nicht in der Bibel, . . . das ist völlig nebensächlich, . . . das geht aber am Kern der Geschichte vorbei, usw."

Das einzig erlaubte Eingreifen scheint mir zu sein, daß sie *mitspielen.* Dabei können sie dann ihr Verständnis der Geschichte einbringen.

Was immer ein Kind im Anschluß an eine Geschichte spielt oder malt, ist unwichtig im Vergleich zu der gewichtigen Tatsache, *daß* es malt oder spielt. Das sind kindgemäße Weisen, eine Geschichte zu „verarbeiten". Spielend, malend, singend, sprechend fühlt sich ein Kind in andere Personen ein, erlebt es Situationen nach und setzt die Einzelelemente möglicherweise wieder zu einem Gesamtbild zusammen.
Durch Zuhören lernt das Kind, seine Aufmerksamkeit auf nicht sichtbare Personen und Handlungen zu richten, über eine Zeit beizubehalten und eine innere Vorstellung von dem erzählten Geschehen zu entwickeln. Im Gespräch, beim Spiel, beim Malen antwortet es auf das Gehörte, indem es schöpferisch tätig wird.

Hilfen für das Erzählen biblischer Geschichten

Die größten Unsicherheiten wird es wohl bei jungen Eltern mit dem ersten Kind geben. Wer bis dahin keine Gelegenheit hatte, Kindern überhaupt etwas, geschweige denn Geschichten zu erzählen – und das ist wohl bei den meisten der Fall –, wird sich das nicht aus Anhieb zutrauen. Aber Erzählenkönnen gehört zu den brachliegenden Fähigkeiten, die sich entwickeln, wenn man sie braucht. Am besten machen sich junge Eltern klar, daß sie immer schon ihre eigenen Erlebnisse und die anderer Menschen erzählend weitergegeben haben. Demnach können sie grundsätzlich erzählen. Im Grunde sind biblische Geschichten nichts anderes als fremde Erlebnisse.
Aber wie erzählt man einem Kind? Wie findet man eine kindgemäße Sprache? Wie Eltern sonst beim Sprechen mit dem Kind die geeigneten Worte suchen und finden, so werden sich auch die richtigen Worte beim Erzählen einstellen. Eltern kennen ja den Wortschatz ihres Kindes, sie werden also diesen Wortschatz verwenden und durch neue Wörter erweitern.
Außerdem werden Eltern vier- bis sechsjähriger Kinder nicht

eine Bibel zur Hand nehmen, nach einer passenden Geschichte suchen und sie ihrem Kind übersetzen. Es wird eher so sein, daß die Gelegenheiten, die sich ergeben, durch die Feste im Kirchenjahr, durch ein Bild, ein Kirchenfenster, eine Figur der Anlaß zum Erzählen sind, oder eins der vielen Bibelbilderbücher. Diese Bücher sind gewöhnlich sparsam im Text. Für den Anfang können sich Vater oder Mutter damit begnügen. Sie werden zudem die „sprechenden" Bilder sehr leicht in eine Sprache umsetzen, die das Kind versteht. Da es unwahrscheinlich ist, daß ein kleines Kind längere Zeit zuhört, ohne sich selbst zu äußern, wird das Erzählen in der Regel sowieso zum Dialog – Erzählen. Das Kind fragt, schiebt einen Gedanken ein, gibt ein Stichwort und sorgt somit von sich aus dafür, daß es die Geschichte versteht. Bei allen Vorzügen, die Bibelbilderbücher haben, sollte das Kind ab und zu auch Geschichten hören, die nicht bebildert vorliegen, damit es nicht auf die angeschauten Bilder festgelegt wird. Ein Kind kann und muß seine eigenen Bilder entwickeln.

Oft will ein Kind *eine* Geschichte wieder und wieder hören. „Das ist ja langweilig", wäre keine kindgerechte Reaktion, auch wenn der Erwachsene es so empfindet. Die Geschichte enthält dann offensichtlich soviel Stoff, daß das Empfinden des Kindes, seine Phantasie und Vorstellungskraft längere Zeit davon genährt werden.

Für Eltern gibt es noch ein weiteres Problem. Sie werden oft den Eindruck haben, daß sie selbst eine Menge Texte aus der Bibel nicht verstehen. Oder sie erinnern sich, daß das Verständnis einer Bibelstelle sich in ihrem Leben erheblich verändert hat. Vielleicht hat z.B. jemand Abraham unter dem Namen „Vater des Glaubens" kennengelernt, dabei vor allem seinen fraglosen Gehorsam bewundert und die Aufforderung Gottes an ihn für eine Kleinigkeit gehalten. In späteren Jahren, vielleicht in einer Lebenssituation, als radikales Umdenken oder „Ausziehen" aus liebgewordener Umgebung anstand, wurde dann die Zumutung deutlich, die an Abraham erging: „Zieh weg aus deinem Land, von deiner Verwandtschaft und aus deinem Vaterhaus in das Land, das ich dir zeigen werde“ (Gen 12,1). Es kam möglicherweise auch in den Blick, daß Abraham seine Fragen an Gott hatte: „Herr, mein Herr, was willst du mir schon geben? Ich gehe doch kinderlos dahin, und Erbe meines Hauses ist Eliëser aus Damaskus“ (Gen 15,2). Im ganzen gilt der Name „Vater des Glaubens“ immer noch, aber eben in einem erheblich veränderten Sinn, und es ist nicht auszuschließen, daß die Geschichte Abrahams von demselben Menschen später nochmals verändert verstanden wird.

Kann man Kindern nun in dem Bewußtsein, daß das eigene Bibelverständnis bruchstückhaft ist, daß es sich ändert, biblische Geschichten erzählen? Auf jeden Fall, es geht gar nicht anders. Die Bibel ist unausschöpflich, und die Kinder werden im Laufe ihres Lebens weitere Zugänge und Möglichkeiten des Verstehens finden.

Heutzutage brauchen Eltern sich nicht die Mühe zu machen, erzählbare, für die Kinder wichtige und verständliche Texte aus der Gesamtbibel auszusuchen. Die Auswahl ist in vielen im Handel befindlichen Kinderbibeln schon besorgt oder eben in den schon erwähnten Bibelbilderbüchern, die eine Geschichte zum Inhalt haben und vorzugsweise Kinder im Vorschulalter ansprechen. Für jüngere Kinder eignen sich besonders handlungsreiche, abgerundete Erzählungen mit einer Hauptperson: aus dem Alten Testament die Geschichte Gottes mit Abraham, Mose, Jakob, Josef, Samuel, Jesaja, Jeremia etwa; aus dem Neuen Testament die Geschichte Jesu mit seinen Jüngern, mit Zachäus, Bartimäus, dem Hauptmann von Kafarnaum, dem dankbaren Samariter, den Emmausjüngern. Natürlich ist es mit der Auswahl allein nicht getan. Es gibt Qualitätsunterschiede in der Sprache und den Bildern, die zur Folge haben, daß die Botschaft der Geschichten besser oder schlechter herausgestellt wird. Eltern sollten sich beim Kauf in einer Buchhandlung beraten lassen und selbst Vergleiche anstellen, dasselbe gilt für das Ausleihen in einer Bücherei. Wer sich vor einer Beratung oder zusätzlich dazu selbst informieren will, findet eine sehr hilfreiche Besprechung religiöser Kinderliteratur in dem Buch von Marielene Leist: „Kein Glaube ohne Erfahrung" (Butzon & Bercker, 1972, S. 135 ff). Auch wenn inzwischen neue Titel erschienen sind, so lassen sich doch die darin genannten Beurteilungsmerkmale für Bibelbilderbücher und Kinderbibeln auf die neuere Literatur übertragen.

Einwände gegen das Erzählen biblischer Geschichten

Da die Bibel ein Buch für Erwachsene ist, raten manche Fachleute, Kindern überhaupt nichts daraus zu erzählen, oder allenfalls sehr sparsam. Ich denke, daß eine radikale Trennung von Kinder- und Erwachsenenwelt im Leben einer Familie nicht möglich und auch nicht wünschenswert ist. Deshalb läßt sich der Gebrauch der Bibel auch nicht für die Erwachsenen reservieren. Daß eine Überfütterung mit biblischen Stoffen vermieden werden muß, versteht sich von selbst und wird in unserer Zeit wohl keine Gefahr sein. Theologisch-pädagogische Gesichtspunkte wie z.B. der, daß das Bekanntmachen Jesu nicht mit seiner Geburtsgeschichte beginnen soll, weil ein kleines Kind von einem Kind Jesus kein Heil erwarten kann, lassen sich oft nicht berücksichtigen. Ein fast vierjähriges Mädchen bekam zu Weihnachten ein Bilderbuch von der Geburt Jesu geschenkt. Es ließ sich die Geschichte immer wieder erzählen und war von dem verkündenden Engel sichtlich angetan, nicht jedoch von dem Kind in der Krippe, obwohl die Mutter die eigentliche Botschaft der Geschichte betont hatte. Das Beispiel gibt dem obenerwähnten Bedenken recht: Ein kleines Kind kann die Bedeutung des Erlösers Jesus Christus nicht an der Geburtsgeschichte ablesen (wie auch an keiner anderen Einzelgeschichte). Das Bild Jesu wird sich im Laufe der kindlichen Entwicklung mosaikartig zusammensetzen. Im erwähnten Beispiel ist das Kind sogar ganz an der Person Jesu vorbeigegangen. Ist deswegen besagtes Bilderbuch ein unpassendes Geschenk? Sollen Eltern zu Weihnachten die Geburtsgeschichte vermeiden? Doch wohl nicht. Warum soll sich eine Vierjährige nicht jetzt an dem Engel, an Gott mit seiner frohmachenden Botschaft für die Menschen erfreuen und später Jesus Christus entdecken?

Ich halte es für nötig, daß Eltern alle Angst vergessen, sie könnten beim Erzählen eine falsche Reihenfolge wählen oder den Erkenntnissen der Theologie nicht genügen.

Zu einer Vorsicht möchte ich allerdings raten. Kinder im Märchenalter lieben Geschichten unterschiedslos. Im Märchen ist jedes Wunder möglich. Es besteht die Gefahr, daß die biblischen Wunderberichte mit Märchen auf eine Stufe gestellt werden. Dann werden der Wundertäter Jesus oder auch Gott, der den Jonas rettet, zum Zauberer. Um Kindern solche Verwechslungen zu ersparen, sollten die biblischen Wunderberichte entweder vermieden oder so sparsam erzählt werden, daß auf jede Ausschmückung des Wunderbaren verzichtet wird.

Ganz darauf zu verzichten, scheint mir auch nicht gut, denn die Heilungen Jesu gehören ins Bild, wenn man Kindern nahebringen will, Jesus ist der Freund und Heiland der Menschen. Dann empfiehlt sich eine in der Bibel so nüchtern dargebotene Geschichte wie die „Heilung der Schwiegermutter des Petrus“ (Mk 1, 29–31).

Das Wunder der Heilung braucht nicht stärker betont zu werden, als die Bibel es tut. Wichtiger ist die Folge: Die Geheilte ist bereit, für andere etwas zu tun.

Es geht nicht darum, einem Kind möglichst viele biblische Geschichten zu erzählen, damit es viel *weiß*. Es geht darum, daß ein Kind einige Geschichten liebgewinnt, die ihm Gott und Jesus vertraut machen. Theologische Aussagen wie „Gott ist Retter“ oder „Jesus Christus ist Erlöser“ werden dem Kind

auf dieser Grundlage später aufgehen. „Jesus hat gute Geschichten erzählt", sagt ein Junge nach einem Gottesdienst in einer Erzählung von Hans May[8]. Dort hat er soeben das Gleichnis vom barmherzigen Samariter gehört. Die Begebenheit könnte wirklich passiert sein. – Weil Kinder leicht dem Mißverständnis erliegen, im Gleichnis nur die Geschichte zu sehen ohne die zu übertragende Bedeutung, wird auch davor gewarnt, Kindern Gleichnisse zu erzählen.
Aber Kinder lieben Geschichten. Und wenn sie unter diesem ganz und gar unüblichen Gesichtspunkt, daß Jesus gute Geschichten erzählt hat, ihren Zugang zu ihm finden, warum nicht? Wahr ist es. Und im übrigen: Was bringt den Erwachsenen, die Gleichnisse doch verstehen, ihr Verstehen?

Nicht nur biblische Geschichten erzählen

Eine Mutter sagte einmal bei einem Gespräch über religiöse Kinderliteratur: „Ja, wenn es religiöse Geschichten über Pferde gäbe, dann wüßte ich, wie ich meine Tochter für religiöse Themen interessieren könnte!" Sie hielt es also für ausgeschlossen, daß es Geschichten von Pferden gibt, die eine religiöse Dimension haben. Ich weiß zwar im Augenblick auch nur eine von einem Seepferdchen, die dem Anliegen entgegenkommt; aber es gibt eine Fülle von Geschichten von Mensch und Tier, Mensch und Mitmensch, Mensch und Umwelt, die dem Wunsch, den die Mutter ausdrückt, entsprechen, allerdings nicht ohne weiteres im selben Sinn. In diesen Geschichten kommen die Interessen und Wünsche, die Alltags- und Sonntagserfahrungen von Kindern und Erwach-

[8] Hans May (gekürzt), Jesus hat gute Geschichten, in: D. Steinwede u.a. (Hg.), Vorlesebuch Religion 3, Göttingen/Zürich/Köln 1976, S. 10.

senen zur Sprache. Sie werfen ein Licht auf einen Ausschnitt von Lebenswelt und helfen so dem Kind, seine eigenen inneren und äußeren Erlebnisse, die eigenen Erfahrungen und die anderer Menschen zu verstehen, seinen Gesichtskreis zu erweitern und einen Standort zu finden. Am Beispiel einer Geschichte sei das Gesagte verdeutlicht.

Der Zeisig
Warja besaß einen Zeisig. Sie hatte den Vogel in einen Käfig eingesperrt, aber der Vogel sang kein einziges Mal. Da fragte Warja den Zeisig: „Warum singst du nicht?"
Der Vogel antwortete: „Laß mich hinaus ins Freie, dann erst werde ich wieder singen, den ganzen Tag."

(Leo N. Tolstoj)[9]

Mit Hilfe dieser Geschichte kann ein Kind verstehen lernen: Ein Vogel ist nicht nur dazu da, Menschen zu erfreuen, das Erwartete zu tun. Er hat seine eigenen Bedürfnisse. Er verkümmert, wenn Menschen ihm seine Freiheit nicht lassen.
In diesem Sinne bedacht, hat die Geschichte schon genug Aussagekraft. Sie regt aber auch dazu an, dieses Verständnis auszuweiten auf andere Tiere und auf andere Situationen von kindlichem, menschlichem Verhalten Tieren gegenüber. Sie hilft also zu einer möglichen Verallgemeinerung. Außerdem läßt sich die Geschichte übertragen auf menschliche Verhältnisse von Machtmißbrauch und Freiheitsbeschränkung. Sie ist zudem offen für den Gesichtspunkt: Menschen haben der Schöpfung gegenüber Verantwortung oder, um es bibelnah auszudrücken: dem Menschen ist von Gott die Herrschaft über die ganze Erde übertragen, wobei wieder zu bedenken ist, was dieser Herrschaftsauftrag besagt. Ein weiterer Bezug zur

[9] Leo Tolstoj, in: Dietrich Steinwede u.a. (Hg.), Vorlesebuch Religion 1, Lahr/Göttingen/Zürich/Köln 1973, S. 64.

Bibel ist möglich, zu Psalm 148,10: „Lobt den Herrn, ihr wilden Tiere und alles Vieh, Kriechtiere und gefiederte Vögel.“[10]
Sicher sind die Möglichkeiten der Auslegung mit den genannten Hinweisen nicht erschöpft, aber die Anregungen mögen reichen, um zu verdeutlichen, daß eine gute Geschichte immer die beschriebene Wirklichkeit übersteigt. Sie ist mehrdeutig und somit in der Regel offen für eine religiöse Deutung. Natürlich kann ein Kind das nicht durch Hören allein erfassen, das sich anschließende Gespräch gehört dazu.
Woher nehmen Eltern nun gute Geschichten? Schließlich ist der eigene Vorrat rasch erschöpft, erst recht, wenn man geschichtenhungrige Kinder hat. Als Sammlungen guter Geschichten für Kinder von 5 — 12 Jahren liegen z.B. die Vorlesebücher Religion 1, 2 und 3 (Lahr/Göttingen/Zürich, 1973, 1974, 1976) vor. Da die Geschichten nach Themen geordnet sind, ergeben sich allein daraus Gesichtspunkte zur Deutung, die sowohl für das Vorlesen oder Erzählen als auch für das Gespräch hilfreich sind. Darüber hinaus werden in einem Register ein „Stichwort“ und ein „Biblischer Kontext“ angegeben. Das „Stichwort“ gibt eine Kurzinformation über einen wichtigen inhaltlichen Gesichtspunkt der Geschichte. Der „Biblische Kontext“ nennt eine entsprechende biblische Geschichte, öfter eine Textstelle. Dabei geht es nicht um genaue Entsprechung zwischen Geschichte und Bibelstelle, sondern auch um Gegensatz und Anfrage. Das Hauptziel ist, bei Kindern ein Verständnis dafür anzubahnen, daß viele Erfahrungen heutiger Menschen den Erfahrungen biblischer Menschen mit Gott ähneln oder gleichen.
Es ist nicht notwendig, im Gespräch über eine Geschichte den biblischen Bezug herzustellen. Die Geschichten haben auch ohne dies Sinn und Wert. Sie helfen Kindern und Erwachsenen, ihre Lebenswelt zu deuten.
Ein Kind kann beispielsweise den dringenden Wunsch haben,

[10] A.a.O., S. 358.

einen jungen Dackel zu bekommen. Der Wunsch ist so mächtig, daß dem Kind keinerlei andere Überlegungen in den Sinn kommen. In solcher Situation kann die Geschichte vom Zeisig den Blick dafür öffnen, daß ein junger Dackel bestimmte Lebensbedingungen braucht. Wenn das erreicht wird, hat die Geschichte schon genug bewirkt, ohne all die anderen Bezüge, die sie darüber hinaus eröffnet.

Gesprächsanregungen

Kinder hören gerne zu. Sie brauchen Geschichten.

- Welche Geschichten hört Ihr Kind gern? Welche biblischen Geschichten mag es? Macht Ihnen das Erzählen Spaß?

Als Anregung für das Erzählen wird selten die Bibel benutzt, häufiger Bibelbilderbücher oder Kinderbibeln.

- Bringen Sie die Bücher, die Sie gut finden, zu einem Treffen mit. Sprechen Sie über Ihre Erfahrungen miteinander.

Kinder verarbeiten Geschichten auf ihre Weise, durch Singen, Spielen, Malen.

- Wie wäre es mit einem Bibelspielnachmittag für Mütter und Kinder?
  Planen Sie einmal einen solchen Nachmittag, z.B. mit der Zachäusgeschichte. An das Erzählen der Geschichte kann sich gemeinsames Spielen, Malen, Basteln und Singen anschließen.

Im Text S. 55 steht die Geschichte vom Zeisig und einige Erläuterungen dazu.

- Gibt es im Leben von 5—7jährigen Kindern Situationen, wo Sie diese Geschichte erzählen würden? Würden Sie einen Bezug zur Bibel herstellen?

Teilen und Schenken, menschliche Fähigkeiten – Verbindung mit Gott

Das Opfer der Witwe
Als Jesus einmal dem Opferkasten gegenübersaß, sah er zu, wie die Leute Geld in den Kasten warfen. Viele Reiche kamen und gaben viel. Da kam auch eine arme Witwe und warf zwei kleine Münzen hinein. Er rief seine Jünger zu sich und sagte: Amen, ich sage euch: Diese arme Witwe hat mehr in den Opferkasten hineingeworfen als alle andern. Denn sie alle haben nur etwas von ihrem Überfluß hergegeben; diese Frau aber, die kaum das Nötigste zum Leben hat, sie hat alles gegeben, was sie besaß, ihren ganzen Lebensunterhalt (Mk 12, 4–44).

Eine Fünfjährige bekommt eine Tafel Schokolade geschenkt. Sie bietet dem Besuch, Erwachsenen und Kindern, davon an. Die Erwachsenen lehnen dankend ab. „Die ist doch für dich, iß du nur!“ – „Nein, danke!“ – „Die hast du doch geschenkt bekommen!“ Die Kinder nehmen die Schokolade an, spontan und ohne Bedenken. Und was denken sich die Erwachsenen bei ihren Äußerungen? Darf man geschenkte Schokolade nicht teilen? Ist es besser für das Kind, die Schokolade alleine zu essen? Wenn sie keine Schokolade mögen oder keine vertragen, sollten die Großen das sagen, statt Äußerungen zu machen, die ein Kind irreführen. In diesem Fall, erst recht natürlich, wenn er sich ähnlich wiederholt, könnte das Mädchen nur lernen: Es gehört sich nicht, ein Geschenk zu teilen. Erwachsene nehmen davon nichts, Kinder wohl. Das ist schade, eine verpaßte Gelegenheit! Ein Kind, das spontan, ohne Aufforderung teilt, sollte nicht gehindert, sondern unterstützt werden, denn durch das Tun kann es erleben, wieviel Freude es macht, mit anderen zu teilen. Ein besseres Motiv kann es für ein Kind nicht geben, sein Tun zu wiederholen. Der achtjährigen Sonja fehlt eine erfreuliche Erfahrung auf diesem Gebiet offensichtlich, denn sie äußert: „Ich bin froh, daß ich nicht groß bin. Die Erwachsenen müssen immer verzichten und abgeben."

Teilen hängt für jüngere Kinder immer mit greifbarem Tun zusammen. Sie hantieren gern. Sie bewegen sich gern. Tätigkeiten, bei denen sie mit einem anderen Verbindung aufnehmen können, scheinen Kindern besondere Freude zu machen: etwas holen und bringen, etwas anbieten, ein Geschenk überreichen, den Tisch decken, etwas verteilen. Das alles sind Handlungsweisen, die dem kindlichen Betätigungsdrang und der Kontaktfreude entspringen und – so denke ich – die Fähigkeit, teilen zu können anbahnen und stützen. Natürlich kommt die Nachahmung hinzu, denn sie spielt bei allen kindlichen Tätigkeiten eine große Rolle. Etwas abgeben ist am leichtesten, wenn alle es tun. Das wird besonders deutlich bei der Kollekte in der Kirche. Wie die Erwachsenen möchte auch das Kind Geld in den Klingelbeutel werfen.

Über die Nachahmung hinaus lassen sich Kinder oft auch ungewohnte Verhaltensweisen einfallen. Dafür gibt Katrin (5 J.) ein Beispiel. Die Mutter gibt ihr einen kleinen Blumenstrauß und sagt, den dürfe sie der Tante geben, die beide gleich besuchen wollen. Katrin streckt ihre freie Hand aus und ruft: „Aber ich habe noch eine Hand!" Was für die Erwachsenen witzig wirkt, ist von Katrin ernst gemeint. Geschenke überreichen ist eine ihrer Lieblingsbeschäftigungen. Hinzu kommt noch, daß sie diese Tante besonders gern hat, also möchte sie mehr, mit beiden Händen geben. Wahrscheinlich will sie auch das Zeremoniell von Übergeben und Annehmen verlängern. Gelegenheiten, bei denen ein Kind erlebt, daß der andere überrascht, erfreut, freundlich etwas annimmt, verstärken seine Gebefreudigkeit.

Der andere Mensch spielt beim Abgeben und Teilen eine wichtige Rolle. Einem Fremden gibt und überreicht ein Kind in der Regel ungern etwas, wogegen es sich bei einem bekannten, liebgewonnenen Menschen genau umgekehrt verhält. Auf der Grundlage einer guten Beziehung zum anderen kann sich ein kleines Kind sogar vorstellen, daß ein anderer ähnliche Wünsche und Bedürfnisse hat wie es selbst.

Wie das bei vielen Metzgern üblich ist, bekommt ein etwa vierjähriges Mädchen beim Einkauf mit der Mutter eine Scheibe Fleischwurst. Es freut sich, bedankt sich und sagt: „Ich habe aber noch eine kleine Schwester." Die Verkäuferin ist verdutzt, sagt dann aber lachend, daß sie das nicht gewußt habe, und reicht dem Kind eine zweite Scheibe Wurst. Der Mutter ist das peinlich, sie entschuldigt sich. Währenddessen nimmt die Tochter die Wurst strahlend in Empfang. – Das ist zwar kein klares Beispiel für Teilen, vielleicht ist es nach strenger Auffassung sogar eins für Betteln. Aber sehen wir nicht auf das Ergebnis, sondern auf den Vorgang. Das Kind denkt in dem Augenblick, wo es etwas bekommt, nicht nur an sich, sondern auch an die Schwester. Es kann sich vorstellen, daß die Schwester auch Wurst mag, und es gönnt ihr den Genuß. Das alles sind wichtige Voraussetzungen für die Fähigkeit, teilen zu können. Jetzt auch noch zu erwarten, daß das Kind nur eine halbe Scheibe Wurst ißt und die andere Hälfte der Schwester gibt – was teilen wäre – ist absurd. Und zu erwarten, daß das Kind ganz verzichtet und der Schwester seine Scheibe abgibt, ist eine glatte Überforderung. Auch wenn es in diesem Fall noch nicht zum wirklichen Teilen kommt, so ist das Kind doch auf dem richtigen Weg, teilen zu lernen.

In der Familie teilen lernen

Mit Menschen, die man gern hat, zu teilen, fällt nicht schwer. Das ist normalerweise in der Familie gegeben. Ein Kind, das Geschwister hat, wächst – auch wenn es Störungen gibt – selbstverständlich damit auf. Je kleiner die Familie ist, desto mehr verringern sich allerdings die Möglichkeiten und Gelegenheiten der Einübung von Einteilen, Verteilen, Teilen. Deshalb werden Eltern mit einem Kind, wenn sie es für wichtig halten, daß ihr Kind die Fähigkeit zu teilen erwirbt, durch den Kontakt zu anderen Familien solche Gelegenheiten schaffen müssen.

Natürlich gibt es auch in Familien, in denen das Teilen zum Leben gehört, Störungen. Plötzlich ist eine solche Situation da. Der sechsjährige Gregor ißt für sein Leben gern Gummibärchen. Er hat das Glück, einen Beutel davon geschenkt zu bekommen, und er denkt nicht daran, welche abzugeben. Aber die Schwester fragt: „Bekomm ich auch ein Gummibärchen?" Da nimmt er eins, beißt den größeren Teil davon ab und gibt der Schwester den Kopf. Die kann es nicht fassen. Ihr war zwar klar, daß der Bruder nicht gerne von seinem Vorrat abgab, deshalb hatte sie schon vorsichtig nach nur einem Gummibärchen gefragt. Aber diese Form von Teilen macht sie nun hilflos und stumm. Beinahe wäre Gregor also „Sieger" geblieben, aber der Vater hat die Angelegenheit mitbekommen und läßt seinem Sohn dieses Verhalten nicht durchgehen. Gregor sieht jedoch nicht ein, daß er ausgerechnet Gummibärchen abgeben soll. Er bietet Bonbons, die er auch noch hat, als Ausgleich an. Aber der Vater läßt sich auf dieses Tauschangebot nicht ein. Jetzt sind Gummibärchen gefragt. Nach längerem Hin und Her gibt Gregor die Hälfte davon ab, nicht freiwillig. Aber das muß sein, sagt der Vater.

Kann unter diesen Bedingungen noch von Teilen die Rede sein? Vom Ergebnis her schon. Zur Fähigkeit des Teilenkönnens gehört allerdings das Merkmal der Freiwilligkeit. Der dauernde Druck oder das ständige Drängen zum Verzicht führen sicher nicht dazu. Aber der sanfte Druck, der in der Aufforderung zu teilen oder in der Anfrage, ob man etwas abbekommt, liegt, gehört zum Familienalltag und wird die Freiwilligkeit eher entwickeln als stören. Außerdem gibt es in ein und derselben Familie beides: Das Teilen, dem nachgeholfen wird, und das völlig freiwillige. So verwahrt Thomas für seine

Schwester Lakritzkatzen, weil er weiß, daß sie die gerne ißt. Als er ihr die Tüte beim Abendessen gibt, sagt sie: „Warte, ich hab auch was für dich!“ Damit holt sie für ihn ein Tütchen. Was ist darin? Auch Lakritzkatzen. Das ist eine lustige Überraschung! Beide haben an diesem Tag von verschiedener Seite Lakritze bekommen. Und weil jeder vom anderen weiß, daß die zu den bevorzugten Süßigkeiten gehören, hat er davon für den anderen verwahrt.
Die Erfahrungen, die Kinder in der Familie mit dem Teilen machen können, beziehen sich nicht nur auf das Tun der Kinder untereinander, sondern auch auf die Erwachsenen, und sie gehen über das Teilen von Essen und Trinken hinaus. Im Gespräch nimmt jeder im Wechsel Anteil an den Gedanken und Gefühlen des anderen und teilt seine Empfindungen und Überlegungen mit. Zur Erledigung der Arbeit im Haus trägt jeder den Kräften entsprechend seinen Teil bei.
Wenn eine Familie nicht abgeschlossen für sich lebt, lernen die Kinder auch, ihre Teilnahme auf andere Menschen auszudehnen und Freude und Leid mit ihnen zu teilen.

Beim Gemeinschaftsspiel teilen lernen

Neben der Familie scheint mir die Spielgruppe der wichtigste Ort, die Fähigkeit des Teilens einzuüben und anzuwenden. Jeder kennt aus eigener Erfahrung oder zumindest durch Erzählen die traurigen Geschichten von Kindern, die aus welchen Gründen auch immer, aus einer Gruppe ausgeschlossen werden und bei einem Spiel nicht mitmachen dürfen. Das heißt anders ausgedrückt: sie dürfen nicht teilnehmen. Kinder, die so behandelt werden, stecken das selten ohne Widerstand ein; sie betteln, doch mitspielen zu dürfen, machen Versprechungen, beschimpfen die anderen und stören deren Spiel. Das ist ein Zeichen dafür, wie bitter es ist, von der Teilnahme am Spiel ausgeschlossen zu sein. Für die Kinder, die jemanden aus-

schließen, heißt das: Sie sind nicht bereit, ihre Interessen, ihre Spielidee mit diesem Kind zu teilen.
Der andere Problemfall ist der Spielverderber. Wenn ein Spiel geplant oder vorgeschlagen wird, sagt er: „Ich spiel nicht mit!" Das bringt die anderen in der Regel dazu, ein neues Spiel zu überlegen. Dahinter steckt das Empfinden, ein Spiel ist erst schön, wenn alle, die da sind, teilnehmen. Falls die Gruppe dann dazukommt, ohne den, der nicht mitmachen will, zu spielen, bleibt ein Unbehagen, das Spiel wird nicht rundherum zur Freude. Das Kind, das nicht mitspielen will, ist nicht fähig oder nicht willens, seinen Teil zum Spiel beizutragen. Wenn der Spielverderber mitten im Spiel sagt: „Ich mach nicht mehr mit", wird noch deutlicher, was teilnehmen und teilgeben für die Mitspieler und das Spielgeschehen bedeuten: Ein einziger entzieht seine Teilnahme, und das Spiel ist aus.
Wenn ein Spiel glückt, wird meist nicht bewußt, was alles dazugehört. Sicher ist, daß es nur zustandekommt, wenn alle Teilnehmer ihren Teil dazu beitragen.

Geld für kleine Dienste?

Viele Kinder tun ausgesprochen gern etwas für andere. Auch das ist Teilen; Teilen ihrer Zeit, ihres Könnens, ihrer Fähigkeiten. Ein etwa sechsjähriger Junge langweilt sich beim Friseur. Er fragt, ob er die am Boden liegenden Haare zusammenfegen darf. Er darf. Er macht das prima. Der Friseur freut sich. Er gibt dem Jungen Geld. Die Mutter will das verhindern, aber es gelingt ihr nicht. – Wir Großen geben den Kindern Geld für Besorgungen, Einkäufe, Gefälligkeiten. Ein freundliches Wort, ein Lob, ein Dankeschön (und hin und wieder eine kleine Belohnung) wären mehr.
Aber was geschieht, wenn Kinder für ihren Versuch zu teilen bezahlt werden? Wenn sie gehindert werden, mit anderen zu

teilen? Sie werden dazu erzogen, mit Bezahlung zu rechnen. Sie werden erzogen, etwas zu tun, was viele Erwachsene für sich entrüstet ablehnen würden, nämlich: sich für kleine Dienste bezahlen zu lassen. Ihnen werden ursprüngliche Fähigkeiten abgewöhnt, die sie später – wahrscheinlich mühsam – wieder lernen müssen, wenn sie nicht als Ich-Menschen im Leben scheitern sollen. Ihnen werden wichtige Gemeinschaftserfahrungen vorenthalten wie: etwas mit anderen gemeinsam haben oder etwas für andere tun und die Freude, die daraus entspringt.

Einen Dienst – auch den eines Kindes – nicht annehmen heißt: jemanden aus einer Gemeinschaft ausschließen. Das wird uns in einer Szene der Fußwaschung deutlich vor Augen geführt. Als Petrus sagt: „Niemals sollst Du mir die Füße waschen!“, antwortet ihm Jesus: „Wenn ich dich nicht wasche, hast du keinen Anteil an mir!“ Ein Kind, das teilen möchte, steht schon anfanghaft in der Nachfolge Jesu, dessen ganzes Leben Teilen mit den Menschen war, bis zur äußersten Hingabe.

Ein Kind kann nur gemeinschaftsfähig werden, wenn es von klein auf seinen Teil zur Gemeinschaft beitragen darf, wenn es also teilen und sich mitteilen darf.

Wie Kinder schenken

„Hier, das Bild hab' ich für dich gemalt“, sagt der sechsjährige Klaus zu seiner Oma. Sie verspricht, das Bild so aufzuhängen, daß sie es immer wieder ansehen kann. Beide sind glücklich. Für die Oma ist das Bild mehr als ein Blatt Papier mit bunten Linien. Es ist ein Zeichen für die Zuneigung des Enkels, etwas, was nur er schenken kann. – Kinder brauchen zum Schenken keinen besonderen Anlaß oder Termin. Man braucht ihnen auch nicht beizubringen, daß kleine Geschenke die Freundschaft erhalten. Sie schenken spontan: ein selbstgemaltes

Bild, eine Bastelei, Blumen, die sie gepflückt haben. Sie schenken keine materiellen Werte, sondern von sich selbst, ihre Einfälle, ihre Phantasie, ihre Liebe.
Die ursprüngliche Wortbedeutung von ‚schenken' ist, ‚zu trinken geben'. Diese Bedeutung ist uns nur noch in dem Wort ‚einschenken' erhalten. Trinken ist lebensnotwendig – etwas geschenkt bekommen ist lebensnotwendig. Kein Kind kann existieren, wenn es nicht außer seinem Leben Pflege, Nahrung, Kleidung, Sprache und Liebe geschenkt bekommt. Kinder, die so aufwachsen, leben „wie die Vögel des Himmels", abhängig und sorglos. Aber sie spüren den Geschenkcharakter ihres Daseins und sind wohl deswegen so gut befähigt, unverfälscht Freude zu machen. So können Eltern ihre Kinder beglückt als Geschenk erfahren, denen sie wiederum das Leben schenkten. Einem Menschen das Leben schenken mit den guten Bedingungen, die zum Wachsen nötig sind, ist etwas anderes als ‚ein Kind in die Welt setzen'. ‚Das Leben schenken' können Erwachsene nur, wenn sie sich selbst als Beschenkte erfahren. Daß wir Beschenkte sind, gerät uns Großen leicht aus dem Blick, denn wir sehen auf das, was wir selbst schaffen und leisten. Aber ist das Erworbene und Geleistete wirklich nur unser Werk? Sind nicht unsere Fähigkeiten und Talente zum großen Teil Geschenke unserer Eltern und anderer Menschen? Ist nicht das, was wir an unseren Leistungen als gelungen und geglückt empfinden, Geschenk Gottes? Wenn wir das bejahen können, schließt sich der Kreis: als Beschenkte schenken Menschen an andere weiter.
In diesem Bewußtsein können wir auch Geschenke machen. Wenn Erwachsene schenken wie Kinder, nämlich als Zeichen ihrer Liebe, dann kommen Geschenke auch an. Dann stehen nicht der materielle Wert oder die Brauchbarkeit und Nützlichkeit im Vordergrund, dann spielen das Geld oder die Menge der Geschenke eine geringere Rolle als die Phantasie.
Kinder dürfen nicht mit Geschenken überhäuft werden. Es ist oft bedrückend zuzuhören, wenn Kinder sich nach Festen

über ihre Geschenke unterhalten. Sie zählen auf, was sie bekommen haben, und es sieht so aus, als wollten sie sich mit der Länge der Geschenkeliste gegenseitig übertreffen. Je länger die Liste, desto höher ihr eigener Wert? Von der Freude über ein Geschenk, von dem, was sie damit tun, kein Wort!
Kinder dürfen nicht mit Geschenken überhäuft werden. Was tut beispielsweise ein Kind, das Spielsachen im Übermaß bekommt? Im günstigsten Fall wählt es ein Spielzeug aus, um sich damit zu beschäftigen, und alles andere beiseitezuschieben. Im ungünstigsten Fall kann es sich nicht entschließen, womit es spielen soll. Das Kind probiert jedes Spielzeug für kurze Zeit aus, um sich einem anderen zuzuwenden. Es wird vom Spiel abgehalten und zur Spielerei verleitet. „Das Kind hat keine Ausdauer beim Spielen", wird ihm dann nachgesagt.
Kinder brauchen keine großen Geschenke, sie brauchen auch nicht nur Geschenke, durch die man etwas lernen kann, die nützlich sind. Und wenn man auch nicht jeden Wunsch erfüllen muß, so kann es doch sein, daß der Wunsch eines Kindes sich deutlich auf etwas Zweckfreies, Spielerisches richtet. Das braucht ein Kind. Ich kenne Eltern, die Ihrem Sohn auf dessen Wunsch einen Gartenzwerg schenkten, obwohl sie selbst ein solches Gebilde für geschmacklos hielten. Und die Freude über den kleinen Zwerg war riesengroß.

Gesprächsanregungen

Im Text wird Teilen als wichtige menschliche Fähigkeit beschrieben.

- Die Fähigkeit zu teilen wird erworben. Lernt Ihr Kind das Teilen von sich aus, oder müssen Sie Maßnahmen ergreifen, um es zum Teilen anzuhalten? Würden Sie dabei Druck ausüben wie der Vater von Gregor?

Zwei Brüder wohnten einst auf dem Berg Moria. Der jüngere war verheiratet und hatte Kinder, der ältere war unverheiratet und allein. Die beiden Brüder arbeiteten zusammen, sie pflügten das Feld zusammen und streuten zusammen den Samen aus. Zur Zeit der Ernte brachten sie das Getreide ein und teilten die Garben in zwei gleich große Stösse, für jeden einen Stoß Garben. Als es Nacht geworden war, legte sich jeder der beiden Brüder bei seinen Garben nieder, um zu schlafen. Der ältere aber konnte keine Ruhe finden und sprach in seinem Herzen: „Mein Bruder hat eine Familie, ich dagegen bin allein und ohne Kinder, und doch habe ich gleich viele Garben genommen wie er. Das ist nicht recht." Er stand auf, nahm von seinen Garben und schichtete sie heimlich und leise zu den Garben seines Bruders. Dann legte er sich wieder hin und schlief ein.
In der gleichen Nacht nun, geraume Zeit später, erwachte der Jüngere. Auch er mußte an seinen Bruder denken und sprach in seinem Herzen: „Mein Bruder ist allein und hat keine Kinder. Wer wird in seinen alten Tagen für ihn sorgen?" Und er stand auf, nahm von seinen Garben und trug sie heimlich und leise hinüber zum Stoß des Älteren.
Als es Tag wurde, erhoben sich die beiden Brüder, und wie war jeder erstaunt, daß ihre Garbenstöße die gleichen waren wie am Abend zuvor. Aber keiner sagte dem anderen ein Wort. In der zweiten Nacht wartete jeder ein Weilchen, bis er den anderen schlafend wähnte. Dann erhoben sie sich, und jeder nahm von seinen Garben, um sie zum Stoß des anderen zu tragen. Auf halbem Weg trafen sie plötzlich aufeinander, und jeder erkannte, wie gut es der andere mit ihm meinte. Da ließen sie ihre Garben fallen und umarmten einander in herzlicher brüderlicher Liebe. Gott im Himmel aber schaute auf sie hernieder und sprach: „Heilig, heilig sei mir der Ort. Hier will ich unter den Menschen wohnen."

(in: Prediger und Katechet I/81, S. 71 f.)

Die Geschichte zeigt u.a., daß es beim Teilen nicht nur um Gerechtigkeit geht. Auch in der Familie ist gerechtes Teilen nicht immer durchführbar.

- Worin liegt Ihrer Meinung nach der Kern der Geschichte? Würden Sie sie Ihren Kindern erzählen?

Eine Mutter steht mit ihrer etwa neunjährigen Tochter vor dem Schaufenster einer Drogerie und sagt: „Die blaue Badetasche da könntest du mir zum Muttertag schenken." Die Tasche kostet DM 20,—.
Ob das Kind die Mutter zu dem Wunsch gedrängt hat oder ob die Mutter den Wunsch von sich aus äußerte, ist offen.

- Welche Art von Geschenken – gekaufte oder selbstgemachte – erwarten Sie von Ihren Kindern? Welche Wirkungen werden Ihre Erwartungen und Wünsche auf die Kinder haben?

Im Text S. 65 wird behauptet, daß Kinder, die mit Spielsachen überhäuft werden, in die Gefahr kommen, nicht mehr spielen zu können.
Außerdem gibt es Auswirkungen auf Kinder, die Geschenke im Übermaß bekommen, von denen im Text nicht die Rede ist.

- Welche Beobachtungen machen Sie in bezug auf Kinder und Geschenke? Wie gehen Sie mit den Wünschen oder der Wunschliste Ihres Kindes um?

Vom Staunen zum Danken

Der dankbare Samariter
Auf dem Weg nach Jerusalem zog Jesus durch das Grenzgebiet von Samarien und Galiläa. Als er in ein Dorf hineingehen wollte, kamen ihm zehn Aussätzige entgegen. Sie blieben in der Ferne stehen und riefen: Jesus, Meister, hab Erbarmen mit uns! Als er sie sah, sagte er zu ihnen: Geht, zeigt euch den Priestern! Und während sie zu den Priestern gingen, wurden sie rein. Einer von ihnen aber kehrte um, als er sah, daß er geheilt war; und er lobte Gott mit lauter Stimme. Er warf sich vor den Füßen Jesu zu Boden und dankte ihm. Dieser Mann war aus Samarien. Da sagte Jesus: Es sind doch alle zehn rein geworden. Wo sind die übrigen neun? Ist denn keiner umgekehrt, um Gott zu ehren, außer diesem Fremden? Und er sagte zu ihm: Steh auf und geh! Dein Glaube hat die geholfen (Lk 17,1–19).

„Ich sehe was, was du nicht siehst, und das ist blau", sagt Anke beim Ratespiel mit einigen Kindern. „Ist es der blaue Himmel auf dem Kalenderblatt?" – „Die Streichholzdose?" – „Der blaue Punkt auf dem Wasserhahn?" – „Ja, das ist es!" – „Was du alles siehst", wundert sich Stefan.

Wer beobachtet und entdeckt, kann staunen

Kinder staunen eben über alles. Aber hat Stefan nicht recht? Er merkt, Anke sieht etwas, was er übersehen hat. Sie hat Fähigkeiten, die er nicht erwartet. Er merkt, es gibt Dinge, die er auf den ersten und zweiten Blick nicht wahrnimmt. Er merkt, *Nah*sehen ist oft spannender als *Fern*sehen. Ihm geht etwas auf, er staunt, und er hat Grund dazu. Es sind eben nicht nur die großartigen, außergewöhnlichen Dinge und Vorgänge wichtig und staunenswert, sondern auch die unscheinbaren, alltäglichen.

Andere staunenweckende Beobachtungen können Kinder und Erwachsene spielend machen, wenn sie zum Beispiel aufmerksam auf Geräusche achten, die von draußen ins Zimmer dringen. Sie können dann feststellen, daß Geräusche ihnen etwas „sagen“: Da fliegt ein Flugzeug, da hält ein Bus, eine Taube sitzt in der Nähe, ein Radfahrer fährt vorbei, eine Autotür schlägt zu, der Vater ist da. Schritte auf dem Flur kündigen an, wer jetzt ins Zimmer kommt. Die fünf Sinne gebrauchen und durch Sehen, Hören, Riechen, Schmecken und Tasten die Umwelt entdecken, das ist spannend. Wer nichts entdeckt, bekommt Langeweile.
Vielleicht sind Kinder in der Regel so zufrieden mit ihrer kleinen Welt, weil sie darin Dinge und Geschehnisse aufspüren, die für die Erwachsenen so alltäglich und selbstverständlich sind, daß sie sie nicht mehr wahrnehmen – als wahr und wirklich nehmen. Das wurde mir neulich wieder bewußt, als Christian, zwei Jahre alt, im Garten eine Amsel beobachtete. Wenn sie hinter einen Busch hüpfte, rief er traurig, indem er sich duckte: „O weg!“ Wenn sie wieder hervorkam, richtete er sich auf und rief freudig aufgeregt: „Da, piep, piep!“ Der kleine Kerl brachte alle Anwesenden dazu, sich mit der Amsel zu befassen und Beobachtungen zu benennen. Es war eine Freude. Zum Glück sagte niemand: „Nur eine Amsel, kennt doch jeder.“
Für kleine Kinder ist nahezu alles in ihrer Umgebung Neuland, während es für die Erwachsenen bekannt, gewohnt, selbstverständlich ist. Deshalb neigen sie dazu, Kinder durch Worte und Verhalten merken zu lassen, daß sie nichts Besonderes, nichts Wichtiges herausfinden. Das ist schade, denn es mindert die Entdeckerfreude der Kinder und manche Neuentdeckung von Erwachsenen.
Es tut den Großen nämlich manchmal gut, sich von der Sicht eines Kindes anstecken zu lassen. Mir hat Christian jedenfalls dazu verholfen, Amseln wieder mit Wohlwollen anzusehen, nachdem ich sie vorher schon zu den lästigen Vögeln gezählt

hatte, von denen es sowieso zu viele gibt. Nun hat nicht jeder einen Garten, in dem er Vögel, Insekten, Blumen und Sträucher in Ruhe anschauen kann. Viele Stadtkinder werden diese Freuden gar nicht kennenlernen. Vielleicht sind die Zoos in den Städten so beliebt, weil Kinder hier wenigstens ersatzweise auf ihre Kosten kommen.
Tiere üben, wo immer sie anztreffen sind, eine starke Anziehungskraft auf Kinder aus. Thomas (9 Jahre) bleibt vor der Tierhandlung stehen und schaut sich die Ausstellung an. Er steht wortlos da und kann sich nicht trennen. Drei junge Dakkel fesseln seine Aufmerksamkeit. Inzwischen hat er sich den kleinsten ausgesucht und zeigt darauf: „Den möchte ich haben!“ Die Eltern und die Geschwister wissen, daß der Wunsch gar nicht erfüllt werden kann, weil für einen Dackel kein Platz ist. Sie versuchen, das zu erklären. Aber Thomas läßt sich nicht überzeugen: „Ich wünsche mir nichts, überhaupt nichts zu Weihnachten, nur den kleinen Dackel!“ Es ist ein hartnäckiger Wunsch, der sich über einige Wochen hält. Er versucht, alle Einwände zu entkräften. Den Eltern tut es selber leid, daß sie diesen sehnlichsten Wunsch nicht erfüllen können. Schließlich ergibt sich nach langen, zähen Verhandlungen, daß Thomas einen Hamster bekommt. Da er nun einmal keinen Dakkel haben kann, freut er sich über den Hamster. Er hält sein Versprechen, für das Tier zu sorgen: er reinigt den Käfig, füttert den Hamster, läßt ihn ab und zu herumlaufen und spricht mit ihm. Oft liegt er lange vor dem Käfig auf dem Bauch und beobachtet, wie der Hamster in seinem Laufrädchen turnt und was er sonst so treibt. Nachdem er seinem Nicki wieder einmal lange zugeschaut hat, meint er: „Ich kann doch eigentlich, wo ich auch hinwandere, aus dieser Welt nicht hinausgehen!?“ – „Ja, das ist so.“ – „Dann ist das mit mir wie mit meinem Hamster: er hat einen Käfig, und die Welt ist mein Käfig!“
Was Thomas da äußert, ist sicher keine naheliegende und zu verallgemeinernde Erkenntnis, die sich aus der Beschäftigung mit einem Hamster auf jeden Fall ergibt. Da sind zunächst ein-

fachere Wirkungen: Durch eigenes Beobachten, durch Austausch mit anderen „Hamsterhaltern“ und Erkundigungen in der Tierhandlung versteht er mehr von Nicki und Hamstern überhaupt, als er jemals durch ein Buch oder eine noch so lehrreiche Tiersendung im Fernsehen lernen könnte. Außerdem weiß er nicht nur viel von Hamstern, er sorgt auch dafür, daß Nicki gutes Futter bekommt, einen sauberen Käfig hat und Abwechslung und Unterhaltung. Daß er auch über den Hamster und dessen Lebensbedingungen nachdenkt, zeigt seine Äußerung. Da es sein Hamster ist, hat er mit seinem Leben zu tun, und er vergleicht die beiden Leben miteinander. Er stellt das Gemeinsame fest: beide haben einen „Käfig“. Ob er das bedauert oder gut findet, bleibt offen, wahrscheinlich gehen seine Überlegungen demnächst weiter. Für jetzt kommt er – in Gedanken – an eine Grenze, denn er lebt in einem Käfig, wenn auch in einem sehr geräumigen.

Grenzerfahrungen, ob in Gedanken gemacht oder wirklich erlebt, sind in der Entwicklung jedes Menschen, besonders der des Kindes, wichtig. Es sind die Haltepunkte, bei denen eine neue Richtung gesucht werden muß: zur Umkehr oder zum Aufbruch, um die Grenze zu überschreiten.

Ob die Geschichte mit dem Hamster eine Fortsetzung hat, weiß ich nicht. Wahrscheinlich ist das schon. Thomas wird wohl darauf kommen, daß sich sein „Käfig“ erheblich von dem des Hamsters unterscheidet, und vielleicht stellt er neue Vergleiche an, wenn ihm auffällt, daß der Hamster ab und zu seinen Käfig verlassen kann.

Was Kinder beobachten und woran sie ihre Entdeckungen machen, ist zweitrangig. Die Hauptsache ist, daß sie etwas zu beobachten und zu entdecken haben, und zwar im Alltag. In einer Umwelt, in der alles fertig ist, in der nichts wächst und lebt, ist das nicht möglich. Da kann niemand Unterschiede und Gemeinsamkeiten herausfinden, da stellen sich keine Fragen und Überlegungen ein. Da machen sich Stumpfsinn und Langeweile breit, statt Neugier und Freude.

Eltern können ihre Kinder nicht zum Entdecken und Staunen erziehen, aber sie können für eine anregende Umgebung sorgen und ihren Kindern zeigen, daß sie selber Spaß daran haben, Entdeckungen zu machen.
Für eine anregende Umgebung sorgen, kann zum Beispiel auch heißen, über die Familie hinaus *für* die Kinder oder besser *mit* den Kindern nach Gruppen zu suchen, in denen sie mit anderen Menschen neue Erfahrungen machen können.
In einer Gruppe etwa neunjähriger Kinder werden Bilder von Gesichtern gezeigt, an denen man ablesen kann, ob jemand traurig, froh, sorgenvoll oder zornig ist. Das fällt den Kindern leicht. Eines geht um einen Schritt weiter und fängt an, die Beobachtungen, die im Gespräch gesammelt wurden, auszuweiten und auf die Gruppe zu übertragen: „Der Lars sieht jetzt so ernst aus, als ob er schwer nachdenkt." Zwei weitere Beispiele folgen. Dann sagt ein Mädchen zur Gruppenleiterin: „Und Sie gucken jetzt so komisch." – „Wie meinst du das, Nicole?" – „Ja, ich meine, Sie wundern sich so, was wir alles sehen und sagen." Das stimmte genau. Die Gruppenleiterin hatte nicht damit gerechnet, daß die Kinder so viele Beobachtungen nennen könnten. Sie war vor allem überrascht, daß die Kinder ihre Entdeckungen an den Fotos auf den eigenen Kreis übertrugen. Sie staunte, ein Kind merkte das und sprach davon.
Viele Kinder haben ein Gespür dafür – und daran sind alle Sinne beteiligt –, an der Stimme, der Mimik und den Gesten des anderen dessen Verfassung und Gemütslage abzulesen. Empfindsam erfassen sie die Stimmung ihrer Umgebung; sie gehen darauf ein oder wehren sich dagegen. Andere tragen – bei schlechter Stimmung – von sich aus dazu bei, die Gereiztheit zu entkrampfen und Harmonie herzustellen, und zwar durchaus nicht nur, wenn sie selbst der Auslöser für die Verstimmung waren. Kinder können, wenn sie dazu ermuntert werden, ihre Eindrücke und Beobachtungen malend oder sprechend oft treffend ausdrücken. Das feine Gespür hilft Kindern nicht nur, Menschen kennenzulernen und mit ihnen

umzugehen, sie finden auch heraus, daß jeder Mensch einmalig ist – eine staunenerregende Entdeckung!

Entdecken und Staunen lösen nicht immer Freude aus

Es ist Winter und hat über Nacht geschneit. Die zweijährige Nina wird morgens wach, schaut aus dem Fenster und ruft in heller Aufregung: „Mama, der Garten ist weg! Der Garten ist weg!“ Die Mutter geht mit ihr nach draußen. Nina faßt zum ersten Mal in ihrem Leben Schnee an, sie kann ihn wegnehmen, die Erde darunter sehen und fühlen. Der Garten ist wieder da. Nina ist beruhigt und beschäftigt sich nun mit dem Schnee und den Schneeflocken, denn es hat wieder angefangen zu schneien.
Ihre Aufregung über die nächtliche Überraschung beruht auf einem Irrtum. Ihre Welt ist wieder im Lot, als sie merkt, daß es den Garten noch gibt, jetzt mit Schnee bedeckt.
Es lassen sich allerdings nicht alle Entdeckungen, die Kinder aufgeregt oder bedauernd mit ihrer Umwelt machen, durch Beseitigung eines Irrtums aufklären.
Vera (8 Jahre) findet „manches schade“. „Was denn zum Beispiel?“ – „Daß Vögel nicht zählen können.“ „Aber das ist doch nicht nötig. Vögel brauchen nicht zählen zu können, sie müssen nicht rechnen.“ „Aber wenn Vögel zählen könnten, würden sie merken, wenn ihnen der Kuckuck ein Ei ins Nest legt. Sie könnten das Ei rauswerfen und ihre eigenen Jungen könnten leben.“
So betrachtet, hat Vera recht. Aber in der Natur ist es anders, als sie es sich wünscht. Das ist ihr inzwischen klar geworden, aber es gefällt ihr nicht.
Jörgs Problem ist noch größer, denn es betrifft ihn selbst. Er ist fünf, hat zwei ältere Schwestern und fühlt sich ihnen gegenüber benachteiligt, denn er möchte später gerne Kinder kriegen.

„Mama, ist das wahr, daß in meinem Bauch kein Kind wachsen kann?“ „Ja, das stimmt. Du bist ein Junge. Jungen kriegen keine Kinder.“ „Nur die Mädchen? Warum nur? Ich möchte auch gerne ein Kind.“ Die Mutter spricht ausführlich mit ihm über Kinderkriegen: nein, Ausnahmen gibt es nicht, auch später nicht, auch in Zukunft nicht, Männer bekommen keine Kinder. Aber auch Frauen bekommen keine Kinder ohne Männer. „Gott hat es so eingerichtet, daß ein Kind Vater und Mutter braucht. Und wenn du später Vater wirst, hast du auch ein Kind.“

Jörg ist vorläufig zufrieden und nimmt sich jetzt schon vor, ein guter Vater zu werden.

Vielleicht haben Eltern Angst, ihre Kinder Erfahrungen machen zu lassen, weil sie wissen, daß Entdeckungen nicht immer Freude machen. Sie möchten ihrem Kind Irrtümer ersparen. Sie möchten Bedauern und Trauern verhindern. Aber genau das geht nicht.

Kinder wollen leben lernen und dazu gehört, daß sie traurige und frohmachende Entdeckungen selbst verarbeiten.

Wovon bisher die Rede war, das ist in jedem Fall wichtig und wünschenswert für die menschliche Entwicklung, aber was hat das mit religiöser Erziehung zu tun, wird mancher fragen.

Menschwerden und Christwerden sind nicht voneinander zu trennen. Die Entwicklung vollzieht sich durch Auseinandersetzung mit der Umwelt: durch Wahrnehmen, Beobachten, Staunen, Fragen, Weiterfragen. Der junge Mensch will herausfinden, wer er in der Welt ist und was die Welt ist. Die Deutung findet er nicht völlig alleine, sie wird von anderen Menschen vermittelt. Da es viele Deutungen, viele Weltbilder gibt, werden einem Kind auch viele Weltbilder angeboten. Religiös erziehen bedeutet für Eltern in diesem Fall, das Kind nicht hilflos den vielen möglichen Deutungen von Welt auszusetzen, sondern die eigene jüdisch-christliche Sicht zur Sprache zu bringen, die die Welt und den Menschen in ihr als Schöpfung Gottes versteht. In dieser Welt, in der Gott weiterwirkt,

hat der Mensch einen hervorragenden Platz und eine hervorragende Aufgabe, nämlich an Gottes guter Schöpfung mitzuwirken.
Natürlich werden Eltern nicht bei jedem Anlaß kindlicher Entdeckung oder kindlichen Staunens von Gott und der Schöpfung sprechen. Aber immer dann, wenn ein Kind nach Sinn und Ziel des Lebens in der Natur fragt, und vor allem, wenn es seinen eigenen Standort in der Welt ausfindig machen will, ist eine Auskunft nötig, die dem Sinn von Röm 8,36 entspricht: „Aus ihm und durch ihn und auf ihn hin ist die ganze Schöpfung." Gibt es einen tieferen Sinn?

Ferien – eine Einladung zum Staunen

Wenn auch der Alltag und die nähere Umgebung genügend Anreize zu Entdeckung und Erkundung geben, so lockt doch auch die weitere Umgebung oder die Ferne, vor allem in den Ferien. Ferien und Feier hängen vom Wortursprung her zusammen, Ferien sind die längste Feier im Jahr. Was wird gefeiert? Das Leben, das ganz anders sein kann, als man es bisher gewohnt war – ein Leben mit Überraschungen und neuen Erlebnissen. Das lockt und schmeckt nach Verheißung. Da fällt der Aufbruch nicht schwer. Die Erwachsenen sind froh, von der Last der Arbeit frei zu sein; die Kinder freuen sich, weil ihr Leben nach Plan, vom Kindergarten oder von der Schule festgelegt, für eine Weile außer Kraft ist. Das Weggehen und die Trennung von zu Hause gelingen Kindern allerdings meist nur, wenn Eltern, Großeltern oder ihnen vertraute Personen dabei sind, sonst bekommen sie Heimweh. Wenn es kein Heimweh gibt, sind Ferien schön, dann können Kinder sich ein neues Stück Welt erobern. Der Ferienort braucht nicht weit von zu Hause weg zu sein, um ihnen Spaß zu machen, man muß dort aber etwas *tun* können: Burgen und Städte im Sand bauen, in einem Bach einen Stau errichten, neben dem

Wanderweg durchs Gebüsch laufen, auf Bäume klettern oder Tiere füttern. Wenn es dann noch am Ort Gelegenheit gibt, Muscheln, Steine, Versteinerungen zu sammeln oder Blumen und Beeren zu pflücken, um so besser! Das ist ein Leben im Wechsel von ausgelassenem Umhertollen und Kraftschöpfen, Anstrengung und Nichtstun, Sich-Verstecken und Wiederauftauchen, Suchen und Finden, Eilen und Verweilen – ganz nach dem Herzen von Kindern. Die Wirkungen lassen sich mehr an deren Verhalten als an Äußerungen ablesen. Die Kinder zeigen sich zufrieden und glücklich. Was gefällt dir denn am besten? – Alles ist schön. Dein schönstes Ferienerlebnis bisher? – Die Ferien sind schön. Das Leben ist schön. Mit den Erwachsenenfragen wissen sie nicht viel anzufangen. Die Ferien sind schön! Die Kinder haben recht. Das Lebensgefühl liegt vor dem Lebenswissen. Sie fühlen und erleben, daß andere Menschen und Gott es gut mit ihnen meinen.
Was gefällt dir am besten? Alles ist schön. Das ist aus der Fülle des Erlebens gesprochen. Wenn die Wiese so verlockend ist wie der Bach, der Baum so reizvoll wie der Hügel, die Muschel so bezaubernd wie der Schmetterling, muß man dann das Schönste aussuchen? Kinder brauchen das nicht. Alles ist schön. Bei gegebener Gelegenheit können sie natürlich durchaus einzelnes hervorheben: Ich hab eine schöne Muschel gefunden. – Ist diese Blume nicht schön? – Guck dir die schöne Spinne an! – Immer wieder das Wort „schön". Ob sie keine anderen Wörter kennen? Doch! Aber es geht bei diesen Äußerungen nicht darum, Wissen mitzuteilen oder Wertungen vorzunehmen. Es handelt sich um Ausrufe der Bewunderung. Und was die Aufmerksamkeit von Kindern fesselt und zum Bewundern reizt, das ist „schön". Hat diese von Kindern so häufig gebrauchte Aussage nicht Ähnlichkeit mit dem Kehrvers im Schöpfungsgedicht: „Und Gott sah, daß es gut war"? Erst wenn der Mensch sich von der Schöpfung, besonders von der Schönheit der Schöpfung, angesprochen fühlt, kann er darauf antworten. Das wird in Jesus Sirach 17, 8 – 10 ähnlich

gesagt: „Gott setzte den Menschen sein Auge in das Herz, um ihnen die Größe seiner Werke kundzutun, auf daß sie seinen heiligen Namen loben und die Größe seiner Werke weiter verkünden." „Die Größe seiner Werke" muß der Mensch erst wahrnehmen und anerkennen – das kann ein Kind ohne seine Eltern, jeweils am Beispiel, das es vor Augen hat, denn es kann sagen: „Das ist schön." „Seinen heiligen Namen loben und die Größe seiner Werke weiter verkünden", das ist vor allem der Beitrag der Eltern, die ihren Glauben an den Schöpfergott ins Gespräch bringen, wobei älteren, besonders naturwissenschaftlich interessierten Kindern deutlich gemacht werden muß, wie sich zum Beispiel die Lehre von der Entwicklungsgeschichte der Erde mit dem Glauben an Gott als Schöpfer miteinander vereinen lassen. Die Bibel sagt aus, *daß* die Entstehung der Welt auf Gottes Wirken zurückgeht. Die Evolutionslehre legt dar, *wie* sich die Lebewesen in langen Zeiträumen entwickelt haben. Die Menschen entstehen im Verlauf dieser Entwicklung und bekommen den Auftrag, über die Erde zu herrschen (Gen 1,27). Viele Erwachsene beginnen angesichts der vielfachen Bedrohung der Natur zu verstehen, daß der Auftrag nicht dahin geht, die Erde auszubeuten und „untertan zu machen", sondern dafür zu sorgen, daß Leben weitergehen kann.

Kinder, die Pflanzen und Tiere, Erde und Meer bewundern und sich daran freuen, haben gute Voraussetzungen, aufgeschlossen zu sein für die Verantwortung des Menschen gegenüber der Schöpfung.

Sicher gibt es in den Ferien auch ganz besondere Erlebnisse und Gelegenheiten, Staunenswertes zu entdecken. Eine Familie erzählt, wie sie nach mehrstündiger Fahrt das Ferienziel erreicht. Als erstes gehen alle gemeinsam zum Meer. Dort stehen sie eine Weile versunken schauend, da fängt der sechsjährige Michael laut an zu singen: „Sein ist das Meer, er hat's gemacht, Werk seiner Hand ist das feste Land."

Eine zweite Familie macht eine gänzlich andere Erfahrung,

aber ebenfalls am Meer. Der Anblick der gewaltigen Wasserfläche war wie bei der ersten Familie ein gemeinsames Erlebnis in Schweigen und Schauen. Plötzlich wendet sich die jüngste Tochter und läuft in Angst und Schrecken, schreiend auf die Dünen zu.
Staunen kann also auch in Starre, in Erschrecken umschlagen, nicht nur in Freude, Bewunderung und Lobpreis. Beides sind wichtige Erfahrungen. Der Mensch spürt, wie seine bisherige Welt, das Bekannte, Berechenbare, Erwartete ins Wanken gerät. Eine neue Welt bricht auf. Sein bisheriges Welt- und Gottesbild kommt aus dem Gleichgewicht. Darauf kann er mit seinem bisher gelernten Verhalten nicht antworten. Er muß eine neue Einstellung, einen neuen Standort suchen.

Grund zum Danken

Wer das Staunen mit innerer Zustimmung erlebt, hat es leicht, unwillkürlich zu danken. Das zeigt das Beispiel von Michael. Wer im Staunen Starre und Erschrecken empfindet, wird wahrscheinlich erst in späterer Rückerinnerung auf dieses Erlebnis nicht verzichten wollen. Er braucht Zeit zum Nachdenken und Verarbeiten und kann erst allmählich zur Dankbarkeit finden. Vom Wort her sind denken und danken miteinander verwandt.
Man kann Kinder zur Höflichkeit erziehen, indem man ihnen beibringt, „danke“ zu sagen, wenn sie etwas geschenkt bekommen oder wenn ihnen ein Gefallen getan wird. Dankbarkeit ist damit noch nicht erreicht. Erziehung zur Dankbarkeit bezieht das Denken unbedingt mit ein. Das ist in der Regel kein mühsamer Vorgang, denn Kinder sind Gedankengängen gegenüber, die den Geschenkcharakter des Daseins aufzeigen, sehr aufgeschlossen. Sie erleben sich ja als Beschenkte, die von den Eltern oder anderen Erwachsenen Nahrung und Kleidung, Wohnung und Geborgenheit, ihr Leben also, umsonst bekommen.

Ebenso wichtig wie das erklärende und bedeutende Wort ist eine dankbare Haltung, die die Erwachsenen selbst zeigen. Auch wenn sie sich vieles erarbeiten und verdienen müssen und deshalb den Eindruck haben, daß es *alles* ist, werden sie bei einigem Nachdenken merken, wieviel sie anderen Menschen und Gott verdanken. Und sind nicht gerade die Kinder ein Grund für Dankbarkeit? Das kann bei alltäglichen Gelegenheiten deutlich werden, ohne daß das Wort „Dankbarkeit" fällt. Da wird eine Mutter von ihrer Tochter getröstet und sagt: „Wenn ich dich nicht hätte . . ." und das Kind ergänzt schnell: „dann wärst du ganz arm dran."

Ein – zugegeben – sehr ungewöhnliches Beispiel für Dankbarkeit lieferte eine Bekannte:

Wie war's in den Ferien? – Danke, sehr schön, das sage ich erst mal vorweg. Und dann die Einzelheiten. Mein Mann hat sich gleich am zweiten Tag einen Bänderriß geholt. Da war es mit dem Skilaufen vorbei. Monika hatte eine Angina, Katrin eine Magen- und Darmgrippe. Andreas hat sich den Arm gebrochen, aber es heilt alles ordentlich. Ich hatte mit der Galle zu tun, aber nur kurz. – O weh, Schlimmeres kann einem im Urlaub ja kaum zustoßen! Das stimmt. Aber wir sind doch alle sicher, daß es ein schöner Urlaub war, allerdings ganz anders als geplant. Wir hatten eine gemütliche Wohnung, wir haben eine schöne Christmette erlebt und dann in der Familie so froh und glücklich weitergefeiert wie noch nie. Wir hatten Zeit, wir haben viel gespielt und erzählt. Die Kinder haben sich so gut wie überhaupt nicht gestritten. Wir haben uns gut erholt. Ich bin richtig dankbar für diese Ferien.

Dank bei so viel widrigen Ereignissen? Das ist schon erstaunlich. Auch dieser Dank hängt mit Denken zusammen, vielleicht eher mit Umdenken. Das Erwartete, Gewünschte ist nicht eingetroffen, dafür wurden aber unerwartet gute Erfahrungen gemacht, die tatsächlich Grund zur Dankbarkeit sein können.

Dank kann sich in Worten und im Tun ausdrücken. Ein beson-

derer Ausdruck von Dankbarkeit ist das Feiern. Eltern, die mit ihren Kindern feiern, vermitteln ihnen Mut und Zustimmung zum Leben. Wie gerne tun Kinder da mit! Wie freuen sie sich beispielsweise auf ihre Geburtstagsfeier! Da wird ihr Dasein, ihr Leben, gefeiert mit vielen guten Wünschen für die Zukunft, aber auch im Rückblick auf die vergangene Zeit, in der es Gründe genug zum Dank für dieses Leben mit allen Erlebnissen gibt.
Bei Jugendlichen wird das anders. Sie feiern ihren Geburtstag oft nicht mehr gern. Das ist möglicherweise nicht nur Protest gegen eine Form, die ihnen nicht mehr paßt, sondern Anzeichen dafür, daß ihr Leben in der Krise steckt. Sie sind mit sich und der Welt unzufrieden. Sie sehen ihr Leben stärker eingeschränkt und behindert als zukunftsreich und vielversprechend. Grund zum Feiern? Nein, danke! So kann man von Jugendlichen hören: „Ich weiß nicht, wieso ich dankbar sein soll. Es ist eben alles so, ich habe es mir nicht ausgesucht." Einem jungen Menschen, der sich so äußert, Undankbarkeit vorzuwerfen, hilft nicht weiter, denn Dankbarkeit hat mit „sollen" und „müssen" nichts zu tun, sie kann nicht aus Pflichtgefühl erwachsen. Ein Jugendlicher in der Krise braucht einen Menschen, der ihm geduldig hilft, wieder „ja, danke" zu seinem Leben sagen zu können. Dank ist eine freie Antwort auf das Geschenk des Lebens und die großen und kleinen Geschenke im Leben in erstaunlich vielfältiger Verpackung.

Gesprächsanregungen

Auf dem Balkon soll eine Wiese wachsen
Regen. Regen. Regen. Im Hochhaus fühlt man sich wie auf einem Schiff im Regenmeer. Anke hatte plötzlich Lust, durch das Meer zu schwimmen, hinüber zu einem anderen Haus, wo vielleicht auch ein Mädchen aus dem Fenster sah.

Man kann nicht von dem einen Hochhaus zum anderen schwimmen. Man muß mit dem Fahrstuhl nach unten fahren, ein bißchen auf dem Platz herumbummeln, und wenn man Glück hat, sitzt dort jemand im Regenmantel und wartet, daß man kommt.
Anke hatte Glück. Auf den Betonstufen zur Ladenstraße saß ein Mädchen im gelben Umhang. Es schnallte seine Rollschuhe an.
„Darfst du bei Regen Rollschuh fahren?" fragte Anke.
„Ich bin auf dem Flur gefahren", sagte das Mädchen. „Aber meine Mutter hat geschimpft. Sie sagt, wir müssen ausziehen, wenn ich auf dem Flur spiele."
Das Mädchen fuhr Kreise auf den Steinplatten. Die Rollschuhe klapperten. Dann breitete es die Arme aus und streckte das linke Bein nach hinten. Vom gelben Umhang tropfte der Regen. „Sie kann toll fahren!" dachte Anke.
Das Mädchen fuhr jetzt eine Schnecke. Bogen, die immer enger wurden. In der Mitte hockte es sich plötzlich nieder. „Komm mal her!" rief es. „Hier wächst was Schönes." Anke bückte sich neben sie.
Zwischen den Ritzen zwängte sich Grünes hindurch. „Das ist ja Gras! Richtiges Gras!" Anke berührte es mit den Fingern. „Es ist so zart. Wie kommt es nur durch die engen Ritzen? Es muß eine Menge Kraft haben."
„Unter den Steinen ist keine Erde, bloß Sand", sagte das Mädchen. „Ich habe gesehen, wie die Arbeiter die Steine in Sand gelegt haben."
„Wenn es jeden Tag regnet, wächst bestimmt noch mehr Gras", sagte Anke. „Eine ganze Wiese. Im Fernsehen haben die Kinder immer Wiesen."
Jetzt sahen sie, daß auch zwischen den anderen Steinen grüne Spitzen wuchsen.
Am anderen Tag schien die Sonne. Anke traf das Mädchen mit den Rollschuhen wieder. Es fuhr vorsichtig um das

Grasbüschel herum. „Unser Gras ist ein Stück gewachsen", sagte Anke. „Jeden Tag wächst es ein Stückchen mehr." Sie hockten sich auf die Stufen und sahen, wie sich die Sonne in einer Pfütze spiegelte. Dort hatte sich ein Stein gesenkt.
Da kam ein Mann. Er trug einen Kanister auf dem Rücken, daran hing ein Schlauch mit einer Düse. Er besprühte den Platz.
„Was macht der Mann?" fragte Anke. Das Mädchen starrte geradeaus. „Er spritzt Gift, damit nichts Grünes wächst. Morgen ist alles gelb."
Der Mann kam näher. Anke sprang auf und riß das grüne Büschel heraus. Es ging ganz leicht. An den Gräsern hingen fadendünne Wurzeln. Ein wenig Sand hing noch daran.
„Ich bringe es auf den Balkon", sagte Anke.
„Auf dem Balkon soll eine Wiese wachsen. Eine große, grüne Wiese."

(Hanna Hanisch, in: Vorlesebuch Religion 3, S. 303)

Auch in einem öden Lebensraum entdecken Kinder Lebendiges und staunen (vgl. z.B. Vorlesebuch Religion 3, S. 301).

- Wie anregend ist die Lebenswelt Ihrer Kinder? Worüber staunen sie? Kommt es vor, daß sie das, was sie bestaunen und bewundern, auch pflegen und erhalten wollen?

Die Vorbereitung des Paschamahls
Am ersten Tag des Festes der Ungesäuerten Brote, an dem man das Paschalamm schlachtete, sagten die Jünger zu Jesus: Wo sollen wir das Paschamahl für dich vorbereiten? Da schickte er zwei seiner Jünger voraus und sagte zu ihnen: Geht in die Stadt; dort wird euch ein Mann begegnen, der einen Wasserkrug trägt. Folgt ihm, bis er in ein Haus hineingeht; dann sagt zu dem Herrn des Hauses: Der Meister läßt dich fragen: Wo ist der Raum, in dem ich mit meinen Jüngern das Paschalamm essen kann? Und der Hausherr wird euch einen großen Raum im Obergeschoß zeigen, der schon für das Festmahl hergerichtet und mit Polstern ausgestattet ist. Dort bereitet alles für uns vor! Die Jünger machten sich auf den Weg und kamen in die Stadt. Sie fanden alles so, wie er es ihnen gesagt hatte, und bereiteten das Paschamahl vor.
Das Mahl
Als es Abend wurde, kam Jesus mit den Zwölf. Während sie nun bei Tisch waren und aßen, sagte er: Amen, ich sage euch: Einer von euch wird mich verraten und ausliefern, einer von denen, die zusammen mit mir essen. Da wurden sie traurig, und einer nach dem anderen fragte ihn: doch nicht etwa ich? Er sagte zu ihnen: Einer von euch Zwölf, der mit mir aus derselben Schüssel ißt. Der Menschensohn muß zwar seinen Weg gehen, wie die Schrift über ihn sagt. Doch weh dem Menschen, durch den der Menschensohn verraten wird. Für ihn wäre es besser, wenn er nie geboren wäre.
Während des Mahls nahm er das Brot und sprach den Lobpreis; dann brach er das Brot, reichte es ihnen und sagte: Nehmt, das ist mein Leib. Dann nahm er den Kelch, sprach das Dankgebet, reichte ihn den Jüngern, und sie tranken alle daraus. Und er sagte zu ihnen: Das ist mein Blut, das Blut des Bundes, das für viele vergossen wird. Amen, ich sage euch: Ich werde nicht mehr von der Frucht des Weinstocks trinken bis zu dem Tag, an dem ich von neuem davon trinke im Reich Gottes (Mk 14,12–25).

Vor Beginn der Familienmesse am Sonntag sehe ich mich in der Kirche um. Eltern mit 3- bis 4jährigen Kindern sind nicht da. Doch! Vorne in der zweiten Bank sitzt eine junge Frau mit einem etwa vierjährigen Jungen. Das Kind verhält sich noch eine Weile nach Beginn der Messe ruhig und schaut zum Altarraum. Dann will es etwas wissen. Es fragt in seiner gewohnten Stimmstärke und wird von der Mutter gedämpft. Bei den Kindern, die in der Nähe sitzen, kommt eine leichte Unruhe auf: Umgucken, Getuschel; aber schon das nächste gemeinsame Lied läßt die kurze Ablenkung vergessen. Einige Zeit später verlassen die junge Frau und das Kind die Kirche. Hoffentlich geht die Frau nicht, weil sie fürchtet, ihr Kind stört.
In größeren Versammlungen gibt es immer Störungen. Und es ist nicht einzusehen, warum das noch nicht angepaßte Verhalten eines kleinen Kindes mehr stört als das Zuspätkommen oder das laute Husten von Erwachsenen. Ich denke, das Verständnis für junge Familien wächst allmählich in unseren Gemeinden. Neulich sah ich, wie eine ältere Frau einem kleinen Mädchen, das während der Messe zunehmend unruhiger wurde, ein Bild aus ihrem Gebetbuch schenkte; dazu ein Lächeln – hin und zurück –, das Kind spürte Beachtung und hatte etwas zu tun. Aber natürlich ist das keine Lösung für alle Fälle. Ein Bekannter brachte neulich das Thema „Mit Kindern Gottesdienst feiern“ aus seiner Sicht ins Gespräch. In einer Meßfeier saß neben ihm eine Familie mit drei Kindern, das jüngste etwa zweijährig, unruhig und weinerlich. Sollte er die Bank wechseln? So schlimm war es nun auch wieder nicht. Im ganzen fand er es ja gut, daß die Familie da war. Schließlich konnte das jüngste Kind nicht alleine zu Hause bleiben. Erneute Ablenkung: Das Kind rutschte von der Kniebank ab. Konnte er noch ruhigen Gewissens sagen, daß er eine Messe mit Andacht gefeiert hatte? Natürlich nicht, meinte er. – Wie war das eigentlich bei seinen eigenen, jetzt erwachsenen Kindern mit dem Meßbesuch gewesen? Er konnte sich nicht erinnern,

sie mitgenommen zu haben, als sie noch so klein waren. Aber machen die jungen Eltern heute es nicht doch richtig? Warum sollen kleine Kinder nicht dabei sein? In Italien oder Frankreich ist das doch auch üblich. Dennoch, ein so störendes Kind hatte er noch nicht erlebt. Er konnte keinen Standpunkt finden, der zwischen Andacht, Störung und Gottesdienst vermittelt hätte, bis ihm das Wort Jesu einfiel: „Lasset die Kinder zu mir kommen!“ Die Kinder! Nicht nur die älteren, die eingeübten.

Was hier zuerst an innerer Auseinandersetzung aufkam und dann im Gespräch weitergeführt wurde, ist in ähnlicher Form bei einzelnen und Gruppen in der Gemeinde sicher nötig, denn oft sind unsere Gemeinden nicht kinderfreundlicher als die übrige Gesellschaft. Wenn Kinder schon in Warenhäusern, Ämtern, Hochhäusern wegen ihres unangepaßten Verhaltens als Störfaktor empfunden werden, dann dürfte das in christlichen Gemeinden auf keinen Fall auch so sein. Außerdem können Gemeinden, die sich entschließen, mit Kindern Gottesdienst zu feiern, sehr lebendig werden.

Selbst wenn in einer Gemeinde die Voraussetzung für Gottesdienste mit Kindern gut sind, bleiben für Eltern noch genug Fragen und Überlegungen: Von welchem Alter an können wir unser Kind mitnehmen? Wenn ältere Geschwister da sind und die Familie in ihrer Mehrheit gemeinsam Gottesdienst feiern kann, muß dann das jüngste Kind – unabhängig vom Alter – nicht einfach mit? Wird der Dreijährige seinen Wunsch, mit in die Kirche zu gehen, wohl durchhalten? Weckt man durch das Mitnehmen und Eingewöhnen Freude am Gottesdienst oder gerade das Gegenteil? – Eine Menge Fragen ohne verbindliche Antworten. Es gibt kleine Kinder, die gern mit zur Messe gehen, vielleicht weil sie mit der Familie zusammen sind, weil sie den Gesang mögen, weil sie genug zu schauen haben . . .; und es gibt Kinder, manchmal in der selben Familie, die ein deutliches Unbehagen zeigen und sogar lieber alleine zu Hause bleiben als mit in die Kirche gehen. Weder aus der einen noch aus der anderen kindlichen Verhaltensweise lassen sich gültige Schlüsse für den späteren Gottesdienstbesuch ziehen. Eltern müssen, ohne Druck auf das Kind auszuüben, *probieren,* von welchem Alter ab und für wielange sie ihr Kind mit in die Kirche nehmen können.

Hinführung der Kinder zum Gottesdienst

Die sonntägliche Eucharistiefeier ist allerdings die anspruchsvollste Form des Gemeindegottesdienstes. Deshalb müssen Eltern von vorneherein damit rechnen, daß Kleinkinder in einer Meßfeier unruhig werden oder gehen wollen.
Aber damit sind die Möglichkeiten, Kinder zu gottesdienstlichen Feiern hinzuführen, keineswegs erschöpft. Im Leben einer Gemeinde gibt es eine Vielfalt von Gottesdiensten, zu denen Kinder leicht einen Zugang finden können. Da sind zunächst die Feiern, zu denen Kinder besonders eingeladen sind: eine Kindersegnung, eine Krippenfeier oder auch Wortgottesdienste, wie sie in manchen Gemeinden in Zusammenarbeit mit dem Kindergarten gehalten werden. Weil solche Feiern sich an die Kinder wenden, sind sie meist auch kindgemäß gestaltet und sprechen Kinder an. – Aber auch an Feiern der Erwachsenengemeinde, beispielsweise an einer Trauung oder einer Taufe können kleinere Kinder teilnehmen, wobei sie oft sehr aufmerksam und gesammelt sind. Die festliche Stimmung überträgt sich, und die Handlung weckt Aufmerksamkeit und innere Beteiligung.
Feiern dieser Art haben den Vorteil, daß sich eine kleine, für das Kind überschaubare Gemeinde versammelt, von der es in der Regel wenigstens einige kennt. Was die Dauer angeht, so wird die zeitliche Spanne der Aufmerksamkeit von Kindern nicht überbeansprucht. Außerdem erlebt das Kind die verwendeten Symbole wie Wasser, Osterkerze, Taufkleid, Ringe, Kreuz und Krippe in einem sinngebenden Zusammenspiel,

womit ein anfanghaftes, oder auch grundlegendes Verständnis von kirchlichen Symbolen angebahnt wird. Wenn es sich dazu noch ergibt, daß Kinder in diesen Feiern etwas tun dürfen, dann ist das eine besondere Freude. Bei einer Tauffeier erhielten alle anwesenden Kinder, nachdem die Taufkerze des Täuflings an der Osterkerze angezündet war, eine kleine brennende Osterkerze zur Erinnerung an ihre eigene Taufe. Damit zogen sie dann vom Taufbrunnen zum Altar, um das Vaterunser zu beten. Es waren keine Erklärungen und Ermahnungen zur Vorsicht nötig. Die Kinder gingen behutsam und gesammelt, und die vierjährige Katja sagte zu ihrer Schwester: „Meine Taufe war auch so schön." Kinder, die gelegentlich an solchen Gottesdiensten teilnehmen, haben auch einen leichteren Zugang zur Eucharistiefeier, allerdings wohl am ehesten zur Familienmesse, bei der die Welt des Kindes berücksichtigt wird. Davon wird später noch die Rede sein.
Dabei kann für Kinder von vier Jahren ab ihr eigenes „Gebetbuch" eine Hilfe sein. Gemeint ist eins der Büchlein[11], die in einfachen Bildern mit sparsamen Texten den Verlauf der Messe darstellen. Die Texte können vom Erwachsenen benutzt werden, dem Kind eine kurze Anmerkung zum Tun des Priesters, der Meßdiener und der Gemeinde zu machen. Ohne Worte geht es nicht, denn der Zusammenhang zwischen dem Bild im Buch und dem Geschehen im Altarraum und der übrigen Kirche stellt sich für das Kind nicht von selbst ein. Die kurzen Bemerkungen oder Dialoge bedeuten keine Störungen der Feier, sie werden ja schließlich nicht über Mikrofon gesprochen. Dabei ist es keineswegs nötig, das Kind von Bild zu Bild durch die Messe zu führen und einen lückenlosen Ablauf

[11] E. Beck/G. Miller, Mein neues Meßbuch, Kevelaer 1965; E. Groß, Mein Kirchbuch, Freiburg 1971; E. Beck/H. Delhougne, Meßbuch der Kinder, Kevelaer [2]1977; E. Beck (deutsche Bearbeitung), Kinder feiern Jesus, Kevelaer [3]1978; H. Großmann/B. Wessels, Wir feiern Messe, Kevelaer 1978.

der Meßfeier herzustellen. Wenn das Büchlein eine Zeitlang während der Messe vom Kind nicht beachtet wird, kann man es ihm später, etwa bei der Gabenbereitung oder der Brechung des Brotes wieder aufschlagen. In der Regel zeigen Kinder Freude, wenn sie die Gesten und Handlungen bei der Meßfeier benennen, unterscheiden und wiedererkennen lernen oder erwarten, „was jetzt kommt". Außerdem haben sie wie die Großen ihr eigenes Gebetbuch.

Kirchbesuch als Hinführung zum Gottesdienst?

„Ich werde meine Kinder ganz anders auf den Gottesdienst vorbereiten", sagt eine junge Frau, die noch keine Kinder hat. „Wenn mein Kind drei oder vier Jahre alt ist, zeige ich ihm zuerst mal die Kirche von außen: die Türme, den Hahn, die großen Fenster, die Uhr. Dann gehen wir hinein. Ich mache auf den großen Raum aufmerksam. Danach erklär ich den Altar, das Kreuz, das Tabernakel, das Ewige Licht und vielleicht noch die Kirchenfenster. Wenn ein Kind das alles kennt, kann es gut mit zur Messe gehen." „Einen ähnlichen Versuch habe ich schon hinter mir", sagt eine andere lachend, „meine Tochter hat gefragt, ob sie die Kerzen am Marienaltar ausblasen darf, bei einem späteren Besuch, ob sie eine anmachen darf. Was ich ihr zeigen und erklären wollte, war ihr nicht wichtig. Sie hörte stumm zu und fragte nichts. Aber im Gottesdienst, da geht das Fragen los. Da fällt ihr plötzlich das Ewige Licht auf oder ein Engel im Kirchenfenster oder was sonst." Ja, so ist das. Kinder sind nicht unbedingt interessiert und aufnahmebereit, wenn Eltern das planen. Da kindliches Tun sehr stark vom Erleben geprägt ist, wundert es im Grunde nicht, daß Aufmerksamkeit und Fragen eher im Gottesdienst als beim Begehen und Betrachten einer Kirche geweckt werden. Ist nun der Gedanke der jungen Frau, einem Kind eine Kirche und deren Ausstattung als Vorbereitung auf den Gottesdienst zu zeigen und zu erklären, völlig abwegig? – Es ist sicher gut für ein Kind, eine Kirche von außen und innen allmählich kennenzulernen, um die Fremdheit und Andersartigkeit des Raumes aufzunehmen, damit bekannt und vertraut zu werden. Dabei sollte das Kind genügend Spielraum haben, das anzuschauen oder zu erfragen, was seine Aufmerksamkeit weckt und Anziehungskraft ausübt. Wenn es nichts wissen will, braucht man ihm auch keine Erklärungen abzugeben. Es kann genauso wichtig sein, einfach die Stille des Raumes oder das Licht wirken zu lassen, denn es geht nicht darum, daß das Kind möglichst viel von der Kirche weiß, sondern daß es erfährt, was Menschen in der Kirche tun. Deshalb sind das Kreuzzeichen beim Betreten der Kirche, die Kniebeuge vor dem Tabernakel, vielleicht auch das Stillsitzen und Betrachten eines Bildes, vor allem aber ein Gebet das Wichtigste beim Kirchenbesuch – und zugleich Vorbereitung auf den Gottesdienst der Gemeinde.

Weiterführung älterer Kinder durch tätige Beteiligung

Es wird immer weniger selbstverständlich, sonntags zur Messe zu gehen. Das zeigen die sinkenden Kirchenbesucherzahlen. Wer heute seine Kinder zum Gottesdienst hinführt, hat in der Regel weniger die Sonntagspflicht von Katholiken zum Beweggrund als den eigenen Glauben, der nach Bekräftigung und Ausdruck sucht. Er möchte, daß seine Kinder Gottesdienst nicht als bloße Pflichterfüllung, sondern als Bereicherung für ihr Leben erfahren. Und während bei Eltern mit kleineren Kindern die Überlegungen eher darum kreisen, wie sich das Mitnehmen von Kindern in den häuslichen Ablauf des Sonntags und in die Meßfeier einfügen lassen, geht es Eltern von älteren Kindern weniger darum, daß die Kinder mitgehen als daß sie *gerne* mitgehen.
Das läßt sich in Meßfeiern, die nur die Erwachsenengemeinde

im Blick haben, in der Regel nicht erreichen, weil sie die Verständnisfähigkeit und Bedürfnisse von Kindern übersteigen und deshalb oft von ihnen als langweilig bezeichnet werden.
Die Liturgiekonstitution des II. Vatikanischen Konzils zielt „die volle, bewußte Teilnahme aller Gläubigen" (Nr. 14) an. „Tätige Teilnahme" kann beim Erwachsenen ganz nach innen verlagert oder Hören und Antworten sein. Für ein Kind sind jedoch darüber hinaus andere Tätigkeiten unverzichtbar, vor allem gehört Bewegung dazu. Deshalb muß Kindern im Gottesdienst Gelegenheit zu derartigem Mittun, zu einer altersgemäßen Beteiligung gegeben werden. Dazu sind keine eigenen „Kindermessen" am Sonntag nötig. Die haben sogar den Nachteil, daß die Kinder unter sich bleiben, und die Gefahr, daß sie den Erwachsenen eine Vorführung bieten.
Wenn die „tätige Teilnahme *aller* Gläubigen" angestrebt wird, heißt das eben auch, daß alle Versammelten gemeint sind, also nicht nur eine Gruppe, z.B. die der Kinder. Gottesdienste, die deren Anliegen und dem der Erwachsenen entsprechen, werden Familiengottesdienste genannt, womit nicht gemeint ist, daß sie sich nur auf Familien einstellen oder nur familienweise besucht werden können, sondern eben Gottesdienste für Kinder und Erwachsene.
Welche Möglichkeiten der Beteiligung gibt es nun für Kinder im Familiengottesdienst?
Außer dem Mitsingen und Mitbeten, das Kinder im Grundschulalter mehr und mehr lernen, kommen viele Aufgaben in Frage: Kinder können gemalte Bilder oder Collagen mitbringen und dazu erzählen. Sie können bei der Gabenbereitung Kerzen, Brotschalen, den Kelch und Wein und Wasser zum Altar bringen. Sie können Fürbitten formulieren und vorbeten. Sie sollten auch hin und wieder Gelegenheit bekommen, biblische oder thematisch zum Gottesdienst passende Pantomimen oder Spielszenen beizutragen. Eine Beteiligung an der Predigt durch Frage und Antwort oder ein katechetisches Gespräch sind möglich.

Wie wichtig der Beitrag von Kindern dabei sein kann, zeigt das folgende Beispiel: In einem Predigtgespräch ging es um Engel als Boten Gottes und um die Frage, ob auch Menschen in diesem Sinne Engel sein können. – Stille, vielleicht Ratlosigkeit bei den Kindern, bis sich ein etwa neunjähriges Mädchen zu Wort meldet: „Zu mir haben sie in der Klasse schon mal gesagt, ‚Du bist ein Friedensengel'." Das Mädchen erzählte dann schlicht, ohne sich großzutun weiter: „Das kam so. Ich kann das schon mal, wenn sich einige streiten, ihnen sagen, sie sollen aufhören oder sie sollen es anders machen, und dann hören sie auf mich." Im weiteren Verlauf des katechetischen Gesprächs zeigt sich, daß die übrigen Kinder das Thema jetzt verstehen, weil ein Kind die Brücke zum Leben hergestellt hat. Darauf kommt doch alles an, daß unser Glaube kein Sonntagsglaube für eine erbauliche Stunde ist. Die Meßfeier ist keine Verzierung des Lebens, sondern Feier unseres Lebens, das Gott mit uns lebt. Oder anders ausgedrückt: Weil Jesus Christus für uns lebt, können wir feiern. Sein Leben, Sterben und Auferstehen sowie die Zusage seiner Nähe und unser Glaube daran sind der Grund unserer Feier. In den Grundzügen vollzieht sich unser Dasein wie das seine: leben, sterben, auferstehen, das ist die Wirklichkeit und Hoffnung von Christen. Unser Leben gelingt in der Verbindung mit seinem Leben. Natürlich bleibt es immer hinter dem seinen zurück, aber anfanghaft und zeitweise gelingt es auch, indem wir vergeben, indem wir für andere da sind, indem wir uns denen zuwenden, die keiner mag . . . Das geschieht sowohl im Leben von Erwachsenen als auch von Kindern. Deshalb darf auch unser gelingendes, geglücktes Leben im Gottesdienst vorkommen, nicht nur in der Predigt, sondern auch im Bild oder Spiel. Das ist besonders für Kinder wichtig, denn sie brauchen Anschaulichkeit.
In der Meßfeier wird die Verbindung mit Jesus Christus immer wieder neu belebt durch das Hören auf die Botschaft der Bibel und den Empfang der Eucharistie. Mit dem Hören ist es manchmal gar nicht so leicht. Schon die Erwachsenen brau-

chen zum Verstehen der Botschaft die Auslegung durch die Predigt. Für Kinder sind Worte allein zu magere Kost. Ihr Verstehen stellt sich durch Handeln ein: durch Spiel, Pantomime, Tanz, Malen, Musizieren. Deshalb müssen sie im Gottesdienst Gelegenheit dazu bekommen. Es geht nicht darum, sie zu beschäftigen, damit sie keine Langeweile bekommen und stören, sondern es geht darum, daß sie durch ihr Tun die Botschaft verstehen und mit ihrem Leben verbinden können. Außerdem macht das Tun Freude, und Freude gehört zur Feier.

Weil leben, glauben und feiern zusammengehören, ist es auch wichtig, daß Kinder in Gottesdiensten die Handlungen wiedererkennen können, die auch in ihrem Leben vorkommen: mit anderen zusammenkommen, sich begrüßen, Verzeihung erbitten und gewähren, etwas gemeinsam tun, zuhören, antworten, Dankbarkeit ausdrücken, Gesten vollziehen, ein Gemeinschaftsmahl halten.

Gemeinden, die Kinder zu ihren wichtigen Mitgliedern zählen, werden genügend Phantasie entwickeln, um Kindern eine altersgemäße Beteiligung am Gottesdienst zu ermöglichen. Dann wird sich zeigen, daß die Kinder den Gottesdienst beleben und bereichern. Vielleicht können sie die Erwachsenen sogar dazu bringen, froher mitzufeiern. Im übrigen ist eine Feier, in der außer Sprechen keine anderen Handlungen vorkommen, keine Feier mehr, allenfalls ist das eine Feierlichkeit.

Bei der Vorbereitung von Gottesdiensten – damit ist nicht nur die Eucharistiefeier gemeint, sondern auch Wortgottesdienste, Bußfeiern, Kreuzwegandachten – sollte auf die Mitarbeit von Eltern nicht verzichtet werden, denn Eltern kennen die Lebenswelt des Kindes, sie können Anliegen benennen und einschätzen, welche Aufgaben Kindern sinnvollerweise übertragen werden können.

Wer an der Vorbereitung beteiligt ist, läßt sich auch leichter dafür gewinnen, im Gottesdienst tätig zu werden. Im Familiengottesdienst sollten nämlich nicht nur Kinder „auftreten".

Kinder brauchen das Glaubenszeugnis von Erwachsenen, die vorbeten, einen Text sprechen oder eine Geschichte erzählen. Noch wichtiger ist das persönliche Glaubenszeugnis, damit die Kinder und die Gemeinde erfahren, wie Christen versuchen, aus dem Glauben zu leben. Eine Patin, ein Pate, ein Katechet, eine Katechetin oder Menschen, die karitative Dienste übernehmen, könnten von ihrer Arbeit und den daraus entstehenden traurigen und frohen Erlebnissen erzählen.
Mit Kindern Gottesdienst feiern, das bietet auch gute Anknüpfungspunkte, über das Evangelium, ein Bild, eine Geschichte, einen Gedanken aus der Predigt zu Hause ins Gespräch zu kommen. Allerdings muß sich das zwanglos ergeben. Eine Mutter, die sich bei der Vorbereitung von Gottesdiensten sehr einsetzt, erzählte einmal, mit welchem Ergebnis sie ihre achtjährige Tochter nach einer Feier befragt hatte. Es wurde ein Gottesdienst zum Thema „Aufbau der Gemeinde" gehalten. Um den Kindern zu verdeutlichen, was „aufbauen" ist, wurde von einer Kindergruppe eine Mauer aus Gipssteinen errichtet. Kein Stein durfte fehlen, sonst war die Mauer nicht fertig, keiner durfte herausgezogen werden, sonst fiel die Mauer ein. Bei den Gottesdienstbesuchern gab es große Begeisterung über die Feier, bei der Mutter auch, aber die Tochter meinte auf Befragen nur: „Da war was mit Steinen." Die Mutter war enttäuscht.
Das ist teilweise verständlich. Eltern möchten gerne wissen, was ihre Kinder verstehen, was „hängen geblieben" ist. Dennoch ist ein Abfragen falsch, denn es geht beim Gottesdienstbesuch nicht um eine abfragbare Leistung, die das Kind erbringen muß. Es kommt darauf an, daß ein Kind gerne teilnimmt und daß der Gottesdienst in seinem Leben einen festen Platz bekommt – und sein Leben im Gottesdienst.

Selbst die besten Voraussetzungen in der Hinführung der Kinder zum Gottesdienst sind heute keine Gewähr dafür, daß die erworbene Praxis bruchlos beibehalten wird. „Ich geh' nicht mit in die Kirche!" Mit dieser Weigerung können ältere Kinder ihre Eltern überraschen oder sogar erschrecken. Da helfen keine Bitten und noch weniger ein Befehl oder gar eine Drohung, z.B. das Taschengeld zu kürzen. Die Eltern müssen im Gespräch herausfinden, was dahintersteckt. Es kann dem Jugendlichen darum gehen, nicht mehr mit der Familie teilzunehmen, sondern alleine; nicht mehr diese bestimmte Messe zu besuchen, sondern eine andere. Es kann sein, daß seine Freunde die Messe ablehnen. Er kann in einer Glaubenskrise stecken ... Eltern müssen im Gespräch die je unterschiedliche, aber auch die ähnliche Situation vieler Kinder in diesem Alter berücksichtigen. Vor allem sind sie wieder einmal nach ihrem Glauben gefragt. Wenn sie ihrem Kind deutlich machen können, was die Predigt, das gemeinsame Gebet, die Eucharistie für sie und ihr Leben bedeuten, wenn sie den Kirchgang als Zeugnis ihres Christseins verständlich machen können, wird der junge Mensch zuhören. Wenn sie nur vom Sonntagsgebot und der guten Gewohnheit sprechen, wirken sie kaum überzeugend. Außerdem ist damit zu rechnen, daß ein Jugendlicher nach einer längeren Zeit des fraglosen Mitvollzugs eine grundsätzliche Überlegung zur Bedeutung des Gottesdienstes braucht. Vielleicht hilft ihm dann ein neues Verständnis: Gottesdienst ist nicht eine Pflichtübung des Menschen Gott gegenüber. Gottesdienst ist Dienst Gottes an den Menschen – ein Dienst, den wir brauchen.

Gesprächsanregungen

Das Verhalten kleiner Kinder im Gottesdienst ist unberechenbar. Es gibt Kinder, die ruhig und zufrieden sind dabeizusein. Es gibt Kinder, die sich auf ihre Art bewegen und beschäftigen wollen. Außerdem können die Verhaltensweisen bei jedem Kind von Mal zu Mal wechseln.

- Regt ein unruhiges Kind im Gottesdienst Sie auf? Ist es ein Unterschied, ob es sich um Ihr eigenes oder ein fremdes Kind handelt? Wie verhalten sich die erwachsenen Mitglieder Ihrer Gemeinde?

Auf S. 89 ist die Vorstellung einer jungen Frau beschrieben, die ihr Kind durch einen Kirchenbesuch auf die Teilnahme am Gottesdienst vorbereiten will.

- Was halten Sie von dem Plan? Haben Sie mit (Ihren) Kindern Erfahrungen in diesem Bereich gemacht, die Sie anderen empfehlen können – oder auch nicht?

Wann ist Sonntag?
Eines Tages kamen die Tiere zusammen, weil auch sie Sonntag haben wollten. Der Löwe erklärte: „Wenn ich eine Gazelle verspeise, ist für mich Sonntag!" Das Pferd meinte: „Mir genügt schon eine weite Koppel, damit ich stundenlang austraben kann." Das Faultier gähnte: „Ich brauche einen dicken Ast, um zu schlafen." Der Pfau stellte stolzierend fest: „Nur ein Satz neuer Schwanzfedern, der genügt für meinen Sonntag."
So redeten die Tiere stundenlang, und alle Wünsche erfüllten sich, aber es wurde unter ihnen kein Sonntag. Da kamen die Menschen vorbei und lachten: „Ja, wißt ihr denn nicht, daß es nur Sonntag wird, wenn man mit Gott wie mit einem Freund spricht?"
(in: Willi Hoffsümmer (Hg.), 255 Kurzgeschichten, Matthias-Grünewald-Verlag, 1984[6], Nr. 99)

- Wann ist für Sie Sonntag? Wann ist für Ihre Kinder Sonntag? Vielleicht regt das Gespräch über die Wünsche und Vorstellungen zum Sonntag Sie dazu an, mit ein oder zwei anderen Familien einen Sonntag gemeinsam zu feiern?

Die Fußwaschung

Es war vor dem Paschafest. Jesus wußte, daß seine Stunde gekommen war, um aus dieser Welt zum Vater hinüberzugehen. Da er die Seinen, die in der Welt waren, liebte, erwies er ihnen seine Liebe bis zur Vollendung. Es fand ein Mahl statt, und der Teufel hatte Judas, dem Sohn des Simon Iskariot, schon ins Herz gegeben, ihn zu verraten und auszuliefern. Jesus, der wußte, daß ihm der Vater alles in die Hand gegeben hatte und daß er von Gott gekommen war und zu Gott zurückkehrte, stand vom Mahl auf, legte sein Gewand ab und umgürtete sich mit einem Leinentuch. Dann goß er Wasser in eine Schüssel und begann, den Jüngern die Füße zu waschen und mit dem Leinentuch abzutrocknen, mit dem er umgürtet war. Als er zu Simon Petrus kam, sagte dieser zu ihm: Du, Herr, willst mir die Füße waschen? Jesus antwortete ihm: Was ich tue, verstehst du jetzt noch nicht; doch später wirst du es begreifen. Petrus entgegnete ihm: Niemals sollst du mir die Füße waschen! Jesus erwiderte ihm: Wenn ich dich nicht wasche, hast du keinen Anteil an mir. Da sagte Simon Petrus zu ihm: Herr, dann nicht nur meine Füße, sondern auch die Hände und das Haupt. Jesus sagte zu ihm: Wer vom Bad kommt, ist ganz rein und braucht sich nur noch die Füße zu waschen. Auch ihr seid rein, aber nicht alle. Er wußte nämlich, wer ihn verraten würde; darum sagte er: Ihr seid nicht alle rein. Als er ihnen die Füße gewaschen, sein Gewand wieder angelegt und Platz genommen hatte, sagte er zu ihnen: Begreift ihr, was ich an euch getan habe? Ihr sagt zu mir Meister und Herr, und ihr nennt mich mit Recht so, denn ich bin es. Wenn nun ich, der Herr und Meister, euch die Füße gewaschen habe, dann müßt auch ihr einander die Füße waschen. Ich habe euch ein Beispiel gegeben, damit auch ihr so handelt, wie ich an euch gehandelt habe. Amen, ich sage euch: Der Sklave ist nicht größer als sein Herr, und der Abgesandte nicht größer als der, der ihn gesandt hat. Selig seid ihr, wenn ihr das wißt und danach handelt (Joh 13,1–17).

„Warum eßt ihr das Brot eigentlich alleine?“ Diese oder eine ähnliche Frage bekommen Eltern, die in der Eucharistiefeier zur Kommunion gehen und ihre Kinder dabei haben, oft schon von Vier-Fünfjährigen zu hören. Sicher steckt hinter der Frage der Wunsch, das Sakrament der Eucharistie zu empfangen – aus welchen Gründen auch immer. Eltern sehen sich da oft in der Klemme. Sie können den Wunsch des Kindes verstehen, er deckt sich sogar mit ihren eigenen Wünschen, denn sie möchten ebenfalls, daß ihr Kind außer der Taufe weitere Sakramente empfängt, erst recht, wenn sie selbst sie als „Zeichen der Nähe und Liebe Gottes“ erfahren, aber der Zeitpunkt paßt nicht. Sie werden sich und andere fragen, welche Voraussetzungen und Fähigkeiten ihr Kind zum Sakramentenempfang braucht.

Kinder haben wichtige Voraussetzungen

Die Sakramente sind Geschenke Gottes. Kinder sind in hohem Maße für Geschenke offen. Sie freuen sich darüber und sind unbesorgt und unbefangen im Annehmen. Sie spüren eben, daß sie auf Geschenke angewiesen sind, weil sie sich selbst nichts verdienen können. Deshalb halten sie in fröhlicher Unbekümmertheit die Hände auf.
Der Erwachsene versucht, sich ein Geschenk zu verdienen und sich seiner würdig zu erweisen. Wie oft vergeblich!?
Die Sakramente sind Verbindung mit Gott und Jesus Christus. Kinder können ohne Vertrauen und Verbundenheit nicht leben. Sie sind schnell gut Freund mit einem Menschen und schließen Spielzeug und Hund und Vogel in ihre Freundschaft ein. Verbundenheit mit anderen ist Bestandteil ihres Lebens wie das Atmen. Die Verbindung mit Gott und Jesus Christus gelingt durch die Teilnahme am Glauben der Eltern. Der Erwachsene zerbricht sich den Kopf, ob die Verbindung mit Gott gut oder schlecht oder verbesserungsbedürftig ist.

Für ein Kind ist die Hauptsache, daß es eine Verbindung gibt. *Die Sakramente sind Zeichen der Nähe und Liebe Gottes.* Kinder haben einen ihnen eigenen Zugang zu Symbolen oder Zeichen. Ja, sie schaffen sich Symbole selbst. Das kindliche Erleben zwischen Wirklichkeit und Phantasie drückt sich in Spiel und Symbol aus. An Kinderzeichnungen ist die symbolhafte kindliche Ausdrucksweise besonders gut ablesbar. Bis zum Ende des Grundschulalters malen Kinder in fast jedes ihrer Bilder eine Sonne, und zwar nicht, weil sie für ein Kind täglich scheint, sondern weil ihnen die Sonne Symbol für Zuwendung, Wärme und Liebe ist. Ähnliches gilt vom Haus, das immer wieder gemalt wird, als Zeichen für das Zuhause und die Geborgenheit, die ein Kind genießt oder entbehrt. Auch das Herz ist ein Symbol, meist für die Zuneigung und Freundschaft, die ein Kind einem anderen schenkt. Deshalb wird das Herz vor allem in Briefen und auf Glückwunschkarten gezeichnet, oft mit Blumen gefüllt oder verziert.
Die Puppe und der Teddybär sind nicht nur Spielzeuge. Die Puppe ist das „Kind" des Kindes und der Teddy als Schlaftier „Beschützer" oder Trost im Alleinsein bei Angst in der Dunkelheit. Kinder, die sich schwer von zu Hause und von der Mutter trennen können, bringen ein Tuch oder ein Kissen mit zum Kindergarten und überwinden damit die Trennungsängste.
Von seinen eigenen Symbolerfahrungen her hat ein Kind grundsätzlich Zugang zu neuen Symbolen. Es ist also fähig, zum Beispiel zu erfassen, daß Brot „mehr" sein kann als ein Stück Brot zum Sattessen; allerdings stellt sich das Verständnis nicht von selbst ein, es muß vermittelt werden.
Natürlich sind die genannten guten Voraussetzungen ihrerseits daran gebunden, daß sie sich in einer liebevollen, anregenden Umwelt entfalten können. Und leider sind sie, einmal erworben, auch immer wieder in Gefahr zu verkümmern. Das ist beispielsweise der Fall, wenn der Wert von Geschenken in dem gesehen wird, was sie gekostet haben; wenn Verbindun-

gen an dem gemessen werden, was sie einbringen; wenn von Kindern geliebte Symbole lächerlich gemacht werden: „Du wirst doch wohl ohne den albernen Teddy einschlafen können!"
Kinder sind in vielem anders als Erwachsene. Deshalb haben sie auch andere Zugänge zu den Sakramenten und andere Antworten darauf. Die Hinführung der Kinder zu den Sakramenten ist heute stärker als bei der Generation der Großeltern und Eltern am Kind orientiert, kindgemäß. Ein Kind muß zum Beispiel nicht die Erstkommunion als „schönsten Tag seines Lebens" feiern. Es muß als Kommunionkind nicht darauf verzichten, sich Karneval zu verkleiden. Es braucht auch nicht möglichst viel Wissenswertes über das Sakrament zu lernen; aber es soll lernen, daß Glaube und Leben zusammengehören, daß sein Glaube das Leben bereichert und das Leben den Glauben. Außerdem ist eine Hinführung kein Abschluß, sondern eben ein Beginn des Lebens mit dem Sakrament – ein lebenslanger Weg.

Eltern vermitteln die Grundlagen und Fähigkeiten

Die Grundlage für die Hinführung zu den Sakramenten ist das Leben in der Familie selbst. Wenn Familienleben diesen Namen verdient, ist es davon geprägt, daß einer dem anderen vertraut und daß einer für den anderen da ist. Genau diese Erfahrungen sind grundlegend für den Glauben, nämlich das Vertrauen, daß Gott jeden Menschen liebt und sich ihm immer wieder zuwendet, zum Beispiel auch in den Sakramenten. In der Familie werden die Erfahrungen gemacht, die den Glauben eröffnen. Hier wird das Wechselspiel von Leben und Glauben für ein Kind erlebbar. – Sind das nicht allzu kühne Behauptungen? Wenn es nicht gelänge zu entdecken, wieviele Glauben und Leben verbindende Erfahrungen im Alltag stekken, dann wären das kühne Behauptungen. Das Entdecken ist

nicht immer leicht. Was nämlich im Alltag steckt, bleibt oft verborgen.
Da kommt eine Familie auf die Bedeutung der Mahlzeiten in südlichen Ländern zu sprechen: wie gemütlich lange das Essen dauert, wie genießerisch gegessen wird, wie locker und fröhlich es zugeht, wieviel erzählt wird, wie man Pläne schmiedet. Sie geraten ins Schwärmen, bis die Neunjährige sagt: „Wieso ist das so besonders, das tun wir doch auch?!" – Pause bei den andern, Erstaunen und dann: „Ja, du hast eigentlich recht, das tun wir auch, vielleicht nicht so ausgedehnt." Erst durch ein Gespräch werden sich die Teilnehmer bewußt, daß sie das, jedenfalls zum Teil, auch tun, was sie bei anderen wahrnehmen und worum sie andere beneiden. Ähnlich ist es mit der Einschätzung des Familienlebens. Die guten Erfahrungen können unerkannt bleiben, wenn sie nicht zur Sprache kommen.

Eucharistievorbereitung in der Familie

Die Mahlzeiten sind ein wichtiger Baustein bei der Vorbereitung der Kinder auf die Eucharistie. Das gemeinsame Essen ist Zeichen der Verbundenheit einer Familie. Daß die gemeinsame Mahlzeit nicht nur der Ordnung halber oder aus Gründen der Arbeitsersparnis gehalten wird, sondern wirklich Zeichen der Verbundenheit ist, zeigt sich vor allem, wenn ein Familienmitglied unvorhergesehen fehlt. Ist einer zur gewohnten Zeit nicht da, löst das Unruhe und Besorgnis aus. Hat er sich selbst von der Mahlzeit ausgeschlossen, wird das von den andern als Mangel und Störung empfunden.
Es geht beim gemeinsamen Essen nicht nur um den guten Appetit und um das Sattwerden. Das natürlich auch. Es wird auch nicht immer nur der Überfluß geteilt. Denn oft zeigt sich, daß eine begehrte Speise, von der wenig da ist, für alle reicht. Manchmal bleibt gerade davon noch übrig. Bei Tisch kann ge-

lernt werden, an den anderen zu denken, mit ihm zu teilen, vielleicht zu seinen Gunsten zu verzichten. Das Genießen und Miteinanderteilen scheint auch Auswirkungen auf die Mitteilsamkeit der einzelnen zu haben, denn gerade bei den Mahlzeiten kommen Gespräche auf; lockere, fröhliche, besinnliche, ernste. Die gemeinsame Mahlzeit verbindet. Das empfinden gerade Kinder sehr stark. Vom gemeinsamen Essen zur Feier ist es oft nur ein kleiner Schritt. Ein paar Blumen, eine Kerze, ein Lied, eine Geschichte bewirken für ein Kind, daß es „so gemütlich" ist und möglichst lange dauern soll. – Das Tischgebet am Anfang und am Ende bringen zum Ausdruck, daß das Mahl als Zeichen menschlicher Verbundenheit auf die Verbindung mit Gott angewiesen ist. Wenn ihm als dem Spender aller guten Gaben gedankt wird, dann vor allem auch für das Geschenk der Gemeinschaft.
Brot wird heute wieder selbst gebacken. Auch Väter beteiligen sich daran. Schon der Backvorgang fesselt die Aufmerksamkeit der Kinder. Sie weichen nicht von der Stelle, um beobachten zu können, welche Zutaten verwendet und gemengt werden, wie der Teig geknetet wird, wie er „geht", wie das Brot geformt und in den Backofen geschoben wird. Dann genießen sie den Duft und können es kaum erwarten, bis das Brot gebakken ist. Und natürlich schmeckt das selbstgebackene Brot viel besser als das gekaufte. Brot ist eben nicht gleich Brot. Das selbstgebackene Brot wird genießerisch gegessen. Der Freund bekommt davon. Es wird auf keinen Fall weggeworfen. Dazu ist es zu wertvoll.
Es können sich Gespräche ergeben, sehr besinnliche. Warum Jesus wohl Brot als Zeichen seiner Hingabe genommen hat? Weil Brot lebensnotwendig ist. Wer kein Brot – nichts zu essen – hat, kann nicht leben. Brot gibt Leben. Brot ist alltäglich und kostbar zugleich. Brot kann man gut teilen. Es soll für alle da sein. Jesus hat sein Leben für alle gegeben, nicht nur für einige Ausgewählte . . . Auch wenn es nicht zu Gesprächen kommt, ist das Broterlebnis in sich wertvoll genug. Auf jeden

Fall ist es eine gute Grundlage für das Verständnis der Eucharistie.
Eltern, die ihren Kindern das Erlebnis der Tischgemeinschaft vermitteln, die mit ihnen beten, den Sonntag feiern und ab und zu auch andere Feste, sorgen für eine gute Hinführung ihrer Kinder zur Eucharistiefeier. Die Botschaft vom Abendmahl, bei dem Jesus bleibende Gemeinschaft stiftet, wie er sein Leben gibt und so zum „Brot des Lebens" für alle wird, fällt dann auf bereiteten Boden. Das Kind kann Glaubensinhalte mit eigenen Erfahrungen verbinden und in der Messe feiern. Bei solchen Gegebenheiten braucht ein Kind nicht auf den Kommunionempfang zu warten, bis alle Kinder seines Jahrgangs – heute meist im dritten Schuljahr – zur Kommunion gehen.
Natürlich ist das gemeinsame Essen für eine Familie nicht nur wichtig während der Zeit der Hinführung eines Kindes zur Erstkommunion, sondern auf Dauer und immer wieder, denn Gemeinschaft zerfällt, wenn sie nicht gelebt wird.

Bußerziehung in der Familie

Aufgelöste oder gefährdete Gemeinschaft kann in der gemeinsamen Mahlzeit wiederhergestellt werden. So kann gemeinsames Essen auch ein Zeichen der Versöhnung sein. Das zeigt uns Jesus mit den vielen Mählern, die er mit den Verachteten und Ausgestoßenen hält. Tischgemeinschaft ist ein Höhepunkt im Familienleben, Gemeinschaft wird außerdem aufgebaut und erhalten durch das, was einer für den anderen tut. Von diesen Tätigkeiten und Handlungsweisen sind einige durch Regeln bestimmt, andere von freien, plötzlichen Einfällen abhängig. Einige Regeln bleiben, andere verändern sich, zum Beispiel die, die für die Schlafenszeiten der Kinder gelten. „Du mußt ins Bett, guck mal, wie spät es schon ist!" hat wahrscheinlich viele Male als Hinweis ausgereicht, um eine

Regel ins Gedächtnis zu rufen und sich danach zu richten, bis eines Tages der Einwand kommt: „Guck mal, wie müde ich noch nicht bin.“ Wie die Sache ausgeht, das wird in den Familien ähnlich, aber doch in jeder etwas anders neu geregelt. Wenn einem aus der Familie einfällt, ein Kanarienvogel sei eine unverzichtbare Bereicherung des Familienlebens, dann kann das von den anderen abgelehnt oder angenommen werden. Wo Menschen zusammenleben, da ist auch immer wieder ein Verhandeln und Aushandeln nötig. Das kann reibungslos vonstatten gehen oder aber mit Zusammenstößen. Streit und Unfrieden können entstehen. Wie ein Streit beigelegt wird, wie der Friede wieder hergestellt wird, wie Eltern mit den Verfehlungen eines Kindes und mit ihren eigenen umgehen, das sind Erfahrungen eines Kindes, die unmittelbar mit der Hinführung zum Bußsakrament zu tun haben. Ohne Wiedergutmachung, wenn nötig, und vor allem ohne erlebte Versöhnung, wird ein Kind die Rede von Gott als dem guten Vater, der immer wieder vergibt, und die Erklärung des Bußsakraments als „Feier der Versöhnung“ nicht begreifen.

Versöhnung vollzieht sich gewöhnlich nicht stumm, sondern in Worten oder Zeichen oder in beidem zusammen. „Es ist wieder gut, ich bin dir nicht mehr böse“, ein Lächeln dazu oder eine Umarmung stellen den Frieden wieder her. Aber auch ohne Worte verstehen Kinder eine Umarmung oder ein Über-den-Kopf-Streicheln als Zeichen von Versöhnung.

Erziehung zu Umkehr und Buße setzt Gewissensbildung voraus, und sie geht damit einher, denn ohne tätiges Gewissen wird niemandem klar, wo er anderen etwas schuldig bleibt, wo er schuldig wird und sich entschuldigen muß. Allerdings ist Gewissensbildung nicht auf Bußerziehung eingeschränkt.

Firmvorbereitung in der Familie

Gewissensbildung hat vor allem die Aufgabe, dem Kind (natürlich auch dem Erwachsenen) zu helfen, daß er sich begründet entscheiden kann und bereit und fähig wird, die Folgen der Entscheidung zu tragen. Das ist nötig, um im Leben und im Glauben selbständig zu werden. Insofern ist Gewissensbildung eine Vorbereitung auf die Firmung, das Sakrament der Mündigkeit. Diese Hinführung beginnt nicht unmittelbar vor der Firmung. Sie fängt in der Familie an, lange bevor dem Kind Inhalte von Geboten und Verboten genannt werden. Am zustimmenden oder ablehnenden Verhalten der Eltern liest schon der Säugling ab, ob sein Tun und Lassen erwünscht oder unerwünscht ist. Durch die Gewohnheiten in der Familie lernt das Kind die ersten Regeln. Mit dem Spracherwerb lernt es dann auch durch die Worte der Eltern, was geboten oder verboten ist. Tadel und Lob als Antwort auf das kindliche Handeln spielen zwar eine wichtige Rolle in der Gewissensbildung, aber sie haben weniger Bedeutung als das Reden und Tun der Familie im Alltag. „Gabi kann ihre Schularbeiten bei uns machen." – „Georg ist krank. Er freut sich, wenn ich komme, also geh ich ihn besuchen." – „Wenn ein Hausierer klingelt, mach ich die Tür nicht auf." – „Die Nachbarin hat schon wieder neue Sorgen. Ich will davon nichts mehr hören." – Diese und ähnliche, scheinbar belanglose Äußerungen geben Einstellungen und Haltungen wieder, an denen Kinder und Jugendliche ablesen, welche Werte in der Familie gelten. Die Kinder vergleichen, ob die geltenden Werte mit den Forderungen, den Geboten und Verboten in Einklang stehen, die ihnen abverlangt werden, oder nicht. Sie bringen in Erfahrung, ob Werte wie Wahrheit und Wahrhaftigkeit unter allen Umständen gelten, oder ob es Ausnahmen gibt, ob die Ausnahmen mit eigenen Vorteilen verbunden sind oder andere Gründe haben. Wird beispielsweise bei der Versicherung zugegeben, daß das gestohlene Fahrrad nicht abgeschlossen war, was wahrscheinlich zur Folge hat, daß es nicht ersetzt wird? – Wie in einem solchen Fall entschieden wird, das hat Auswirkungen auf die Gewissensbildung der Kinder.

Für einen Glaubenden sind Werte nicht bloße Muster der

Vollkommenheit, sie gründen in Gott, der eine Welt in Liebe, Frieden und Gerechtigkeit will. Der Mensch ist angerufen, an dieser Welt mitzubauen. Er kann sich dafür entscheiden oder dagegen. In diesem Zusammenhang gesehen, sind Gebote Handlungsanweisungen, um Werte zu verwirklichen, um den Willen Gottes zu tun. Sie sind nicht zur Einengung des Menschen da, sondern als Wegweiser, um Wege zum Guten zu finden und um Wege zu vermeiden, die in die Enge und Irre gehen.

Ob Eltern Gebote und Gewissen als Beschränkung und Belastung verstehen oder als Wegweisung und Befreiung, auch das hat Auswirkung auf die Gewissensbildung der Kinder. Im letztgenannten Fall wird es besser gelingen, die Bereitschaft und Freude von Kindern zu wecken, das Gute zu tun. Dazu brauchen sie Anregungen und Beistand von Erwachsenen und vor allem einen Spielraum, eigene Vorstellungen ausprobieren zu können.

Daß gute Einsichten und Vorsätze sich oft nicht ohne Reibungen und Zusammenstöße verwirklichen lassen, das erfahren Kinder und Jugendliche früh, und sie müssen nach Lösungen suchen. „Manchmal möchten ich und die anderen, Inge käme nicht mehr in unsere Gruppe. Mit ihr gibt es immer wieder Streit. Aber es paßt ja nicht, wenn wir sie ausschließen und davon reden, daß Jesus keinen weggeschickt hat", erzählt die zwölfjährige Katrin ihren Geschwistern. Der Fall wird ausgiebig beredet, Katrin sammelt ein paar Vorschläge, verwirft einige wieder und wählt einen für das nächste Gruppentreffen aus. Was sie in der nächsten Gruppenstunde vorbringt, muß sie selbst entscheiden.

Entscheidungen finden, das muß immer wieder gelernt werden. Martin jammert: „Jetzt kommt ausgerechnet heute nachmittag der Besuch, auf den ich mich schon so lange freue. Und ich habe versprochen, heute im Missiokreis Karten zu malen, die am Missionssonntag verkauft werden sollen. Mutter, sag mir, was ich tun soll!" Die Mutter sagt ihre Überlegungen zu

dem Fall, sie nennt Gründe und Gegengründe, das eine oder das andere zu tun. Sie überlegt auch mit Martin, ob es eine Möglichkeit gibt, zum Missiokreis zu gehen und den Besuch dennoch zu treffen. Den Entschluß überläßt sie ihm. Martin ist unzufrieden. Fast wütend sagt er: „Ich hab mir das schon gedacht. Jetzt muß ich immer noch alleine entscheiden, was ich tun soll!" Genau das müssen Kinder ihrem Alter entsprechend lernen, sonst können sie nicht selbständig werden und Verantwortung übernehmen.
Eine eigene Entscheidung treffen und verantworten, das sind grundlegende Voraussetzungen für einen Firmbewerber. In den meisten Bundesländern haben Jugendliche im Alter von 14 Jahren die Möglichkeit, sich vom Religionsunterricht abzumelden. Ihnen wird damit eine weitreichende Entscheidungsfähigkeit zugetraut. Wer sich *gegen* etwas entscheiden kann, muß sich auch *für* etwas entscheiden können. Es ist also keine Überforderung eines Jugendlichen, zur Firmung ein eigenes Ja zu sagen. Im Gespräch können Eltern ihrem Kind leicht verdeutlichen, wie das gemeint ist. Sie haben durch die Taufe für ihr Kind entschieden, daß es Christ werden soll, und es ist sinnvoll, daß das Kind zu einem geeigneten Zeitpunkt sein eigenes Ja hinzufügt und sich für sein weiteres Christwerden durch die Firmung stärken läßt. Die Verantwortung für den weiteren Glaubensweg wird geteilt, wie sie auch für den weiteren Lebensweg geteilt wird, bis sie eines Tages voll auf den jungen Menschen übergeht.

Vorbereitung auf die Sakramente – eine Aufgabe der Gemeinde

Die Sakramente sind Zeichen der Nähe und Liebe Gottes und Feiern unseres Glaubens, das heißt des Glaubens einer Gemeinschaft. Sie sind demnach nicht nur Privatsache, sondern auch Sache einer Gemeinschaft, der Kirche. Das Kind gehört von Geburt an nicht nur zu einer Familie, sondern auch zu anderen Gruppen. Das Kind gehört von der Taufe an nicht nur zur „Hauskirche" Familie, sondern in die große Gemeinschaft der Christen. Deshalb ist es sinnvoll und notwendig, daß diese Gemeinschaft, konkret: die Gemeinde am Ort, ihre Verantwortung für das Kind, den Jugendlichen wahrnimmt. Dabei ist die Vorbereitung auf die Sakramente eine wichtige Aufgabe – zugleich ein Beispiel für Gemeindekatechese. Die Methoden, das Material, die Bezeichnung für die Gruppenleiter unterscheiden sich von Gemeinde zu Gemeinde. Die Hauptsache ist bei allen gleich: Erwachsene, gefirmte Christen, stellen sich zur Verfügung, um junge Menschen an ihrem Glauben teilnehmen zu lassen – um eine Wegstrecke im Glauben mit ihnen zu gehen – um ihnen zu zeigen, wie ein Leben im Glauben gelingen kann. Gerade Väter und Mütter, die ihre Kinder religiös erziehen, die also in ihrer Familie glaubenverkündend, katechetisch wirken, haben das Zeug für diese Aufgabe. Hinzu kommt, daß sie die Sprache des Kindes oder des Jugendlichen verstehen und seine Erlebnisse, Fragen und Schwierigkeiten kennen. Warum sollten sie nicht auch anderen Kindern der Gemeinde Weggefährte im Glauben sein?

Gesprächsanregungen

Kinder brauchen Zeichen oder Symbole, sonst würden sie sich nicht selbst welche schaffen. Auf S. 99 sind einige dieser Zeichen erwähnt.

- Möglicherweise spielen bei Ihrem Kind andere Zeichen eine Rolle. Welche gibt es da, und welche Bedeutung haben sie für Ihr Kind? Welche Zeichen verwenden Jugendliche? Welche Bedeutung haben Zeichen für Sie selbst?

Im Text S. 101 wird behauptet, das gemeinsame Essen in der Familie kann der Hinführung zur Eucharistie dienen.

- Können Sie der Behauptung zustimmen oder haben Sie

Einwände? Sehen Sie Möglichkeiten, dafür zu sorgen, daß in Ihrer Familie gemeinsame Mahlzeiten beibehalten werden, obwohl heutige Lebensbedingungen das oft sehr erschweren?

Eine Frau erzählt: Ich habe einmal ein Schulbrot, das ich nicht mochte, weggeworfen. Ein paar Jahre später im Krieg hatte ich oft großen Hunger, und jedes Mal habe ich mir gewünscht, das Schulbrot essen zu können, das ich in den Abfallkorb geworfen hatte. Heute, wo ich wieder im Überfluß lebe, denke ich immer noch daran. Ich kann kein Brot wegwerfen.
Durch Geschichten dieser Art kann Kindern deutlich werden, wie wichtig Brot ist.

- Kennen Sie Brotgeschichten, die Sie Ihren Kindern erzählen würden?

Deine Kinder träumen . . .

Du sagst deinen Kindern:
wir leben in einem freien Land, und
Ihr wißt gar nicht, wie gut Ihr es habt, und
Ihr wißt es nicht zu schätzen.
Und du sagst ihnen,
daß sie ihre Meinung für sich behalten sollen,
daß es schaden könne,
beruflich und so,
nicht auf der Seite zu stehen,
die die absolute Mehrheit bedeutet,
und man könne nie wissen,
wozu man die Leute noch braucht.
Und du merkst nicht
den Widerspruch deiner Worte
über die Freiheit und so.

Und du merkst nicht,
daß deine Kinder träumen
von einem Vater, der ihnen Mut macht,
zu wählen, zu überprüfen,
eine eigene Meinung zu finden
und zu ihr zu stehen,
weil man nur so lernen kann,
treu zu sein
sich selbst, anderen und Werten,
von denen immer gesagt wird,
die Jugend habe keine mehr.
Wann hast du aufgehört,
eine eigene Meinung zu suchen
und warum?

(Anne Steinwart, vgl. „Frau und Mutter“ 3/80)

Widersprüche in Wort und Tun wirken sich auf die Gewissensbildung von Kindern und Jugendlichen ungut aus, weil sie keine klare Richtung zeigen. Der Text deckt Widersprüche im Reden eines Erwachsenen auf und sagt, was Kinder brauchen, um „treu“ und gradlinig zu werden.

- Halten Sie es für richtig, daß Ihre Kinder lernen, „zu wählen, zu überprüfen, eine eigene Meinung zu finden und zu ihr zu stehen“? Wenn ja, wer soll ihnen dabei helfen? Der Vater – wie es der Text nahelegt? Können Sie Fälle nennen, in denen Ihr Kind wählt, überprüft und zu einer Wertentscheidung kommt?

Tod – kein Thema für Kinder?

Die Frage nach der Auferstehung der Toten
Von den Sadduzäern, die behaupten, es gebe keine Auferstehung, kamen einige zu Jesus und fragten ihn: Meister, Mose hat uns vorgeschrieben: Wenn ein Mann, der einen Bruder hat, stirbt und eine Frau hinterläßt, aber kein Kind, dann soll sein Bruder die Frau heiraten und seinem Bruder Nachkommen verschaffen. Es lebten einmal sieben Brüder. Der erste nahm sich eine Frau, und als er starb, hinterließ er keine Nachkommen. Da nahm sie der zweite; auch er starb, ohne Nachkommen zu hinterlassen, und ebenso der dritte. Keiner der sieben hatte Nachkommen. Als letzte von ihnen starb die Frau. Wessen Frau wird sie nun bei der Auferstehung sein? Alle sieben haben sie doch zur Frau gehabt. Jesus sagte zu ihnen: Ihr irrt euch, ihr kennt weder die Schrift noch die Macht Gottes. Wenn nämlich die Menschen von den Toten auferstehen, werden sie nicht mehr heiraten, sondern sie werden sein wie die Engel im Himmel. Daß aber die Toten auferstehen, habt ihr das nicht im Buch des Mose gelesen, in der Geschichte vom Dornbusch, in der Gott zu Mose spricht: Ich bin der Gott Abrahams, der Gott Isaaks und der Gott Jakobs? Er ist doch nicht ein Gott von Toten, sondern von Lebenden. Ihr irrt euch sehr (Mk 12,18–27).

Der vierjährige Michael sagt morgens im Kindergarten: „Mein Vater ist gestorben." Die Erzieherin erschrickt. Ist das wahr? Der Junge verhält sich genauso wie sonst. Er hat den Satz nicht anders gesagt, als ob er mitgeteilt hätte: „Mein Vater fährt einen Lastwagen." Es stellt sich heraus, daß Michaels Aussage stimmt. Wie ist das möglich, daß ein Kind so gleichgültig auf eine so schwerwiegende Tatsache reagiert? Hat es kein Gefühl? Hatte es den Vater etwa nicht gern? – Solche Vermutungen sind falsch. Psychologen sagen, daß Kinder bis zum vierten Lebensjahr den Tod nicht wahrnehmen. In unserem

Land gehört es ja auch nicht zu den Alltagserfahrungen eines Kindes, daß ein Mensch stirbt. Deshalb ist Michaels Verhalten verständlich.

Etwa um das fünfte Lebensjahr bringt ein Kind den Tod mit hohem Lebensalter in Verbindung, manchmal auch mit Verhungern. So war Katrin (5 J.) die Geschichte vom „Suppenkasper" bekannt. Sie erkundigt sich bei Tisch sehr sachlich, als ihr Vetter wieder einmal nicht essen will: „Mark ist schon so dünn, wird er bald sterben?" Diese Anfrage wirkte Wunder. Marks Appetit war angeregt, was alle Ermahnungen der Mutter nicht geschafft hatten.

Wenn Kinder im Vorschulalter einem der Geschwister den Tod wünschen, geschieht das aus Eifersucht. Der Wunsch bedeutet ein „Weghabenwollen". Die Tragweite des Begriffs Tod als unabänderliches Ende ist dem Kind nicht bewußt. Im Schulalter beginnt das Kind, Krankheit und Tod in Zusammenhang zu bringen und eine stärkere gefühlsmäßige Anteilnahme am Tod zu zeigen. Auch der eigene Tod kommt in den Blick. In der Pubertät wird der Tod in das Lebensbild mit einbezogen, und Gedanken und Grübeleien über Vergänglichkeit und Sterben können den Jugendlichen belasten.

Vielleicht ist die Scheu von Erwachsenen, mit Kindern über Sterben und Tod zu sprechen, in der Beobachtung begründet, daß die Wahrnehmung des Todes und die Vorstellung davon im Leben eines Kindes eine geringe Rolle spielen. Vielleicht ist es auch die Angst vor dem eigenen Tod, die Erwachsene schweigen läßt. Es gibt ja nicht wenige Menschen, die auf Befragen erklären: „Über Sterben und Tod mache ich mir keine Gedanken. Wenn es an mich herankommt, werde ich schon merken, wie das ist."

Auskunft über die Hoffnung geben

Daß Kinder zuerst das Leben im Blick haben und nicht den Tod, ist natürlich und gut. Der Tod kann sich aber jederzeit in

ihrer Nähe ereignen, und dann werden sie sich und andere damit beschäftigen. Immer wenn ein Kind im Zusammenhang mit dem Tod Fragen stellt, sollte der Erwachsene eine Antwort versuchen, statt auszuweichen, indem er dem Kind sagt, es sei noch zu jung für diese Probleme. Meist kommen die Fragen, wenn in der Familie, der Nachbarschaft, dem Freundeskreis jemand stirbt. – Der Opa ist gestorben. „Wo ist der Opa jetzt?" Wer seinem Kind antwortet: „In der Totenhalle" oder „im Grab auf dem Friedhof", gibt eine Antwort, die nur auf die erkennbare Tatsache hinweist. Wer den Tod so versteht, wird nicht anders antworten können. Hier wird deutlich, wie sehr Gespräche über den Tod *Glaubensgespräche* sind, in denen Christen Auskunft über ihre Hoffnung geben können. Hier sehen sich christliche Eltern besonders vor die Aufgabe gestellt: „Seid stets bereit, jedem Rede und Antwort zu stehen, der nach der Hoffnung fragt, die euch erfüllt" (1 Petr 3, 15). Das Kind fragt nach der Hoffnung über den Tod hinaus. – „Der Opa ist bei Gott", ist der zweite Teil der Antwort. „Wieso ist er im Grab und bei Gott?" wird das Kind fragen. „Er braucht den Leib nicht mehr, deshalb liegt der im Grab. Der Opa hat ein ganz neues Leben bei Gott."
In ähnlicher Weise hatten die Eltern von Opas Tod gesprochen. Die beiden älteren Kinder (7 und 9 J.) hatten sich wenig geäußert und nichts gefragt. Aber Jan, erst 4 Jahre alt, kam über Wochen immer wieder auf den Tod zu sprechen. Dabei fand er auch seine eigene Ausdrucksweise: „Opa ist jetzt nicht mehr lebend, aber er hat jetzt neues Leben." Jan war auch mit bei der Beerdigung und erzählte davon: „Wir haben Opa ins Loch gebetet." Wahrscheinlich bedeutet diese Äußerung doch, daß es für Jan gut war, den Opa mitzubeerdigen und für ihn zu beten. Das eigene Tun hat getröstet.
Wenn Kinder sich bei einem Todesfall in der Familie nicht äußern und scheinbar unberührt davon bleiben, sollten Erwachsene äußerst vorsichtig sein, dem Anschein zu trauen und dem Kind eine Anteilnahme abzusprechen. Jans Bruder,

der siebenjährige Christoph schien Opas Tod gegenüber gleichgültig zu sein. Er äußerte aber nach Wochen: „Mit Opas Tod ist es nicht mehr so schlimm. Oma geht es wieder besser." Das ist doch ein deutliches Zeichen dafür, daß er mindestens den Vorgang der Trauer anteilnehmend miterlebt hat. Auch das ist wichtig für Kinder. Wenn sie bei einem Erwachsenen keine Träne sehen, keine Klage hören, kein Niedergedrücktsein ablesen können, dann haben sie es schwer zu verstehen, daß ein Mensch traurig sein darf und daß es Zeit und Kraft braucht, um Trauer zu überwinden. Sie brauchen die Trauer der Erwachsenen, um eigene Trauer ausdrücken und verarbeiten zu können.

Wir sagen auch, daß der Verstorbene im Himmel ist. Gegen diesen Ausdruck ist nichts einzuwenden, wenn sichergestellt ist, daß das Kind ihn nicht im Sinne von „Wolkenhimmel" mißversteht. „Im Himmel sein" heißt „bei Gott sein".

Kinder wollen oft gerne wissen, wie es im Himmel ist: Kann ich da Fußball spielen? Hab ich da mein weiches, warmes Bett? Bekomme ich zu essen und zu trinken? Wir müssen deutlich sagen, daß wir darüber keine Einzelheiten wissen. Jesus weist in der Auseinandersetzung mit den Sadduzäern, einer jüdischen Gruppe seiner Zeit, die die Auferstehung leugnet, sehr deutlich darauf hin, daß menschliche Kenntnisse von diesem Leben und seinen Bräuchen nicht auf eine Vorstellung vom neuen Leben mit Gott übertragbar sind (vgl. Mt 22, 30). Aber wir dürfen sagen, daß die zukünftige Gemeinschaft mit Gott voller Friede und Freude sein wird. Und wenn für ein Kind der Inbegriff von Freude das Fußballspiel ist, kann man ihm sagen: „Wenn du im Himmel noch Fußball spielen möchtest, wirst du das tun können!"

Nicht nur der Tod kann für Kinder der Anlaß sein, über den Himmel nachzudenken. Es kann auch eine Leiderfahrung sein, die dazu führt. Die neunjährige Dagmar fragt ihre Mutter: „Im Himmel gibt es doch keine Hänselei, keinen Ärger und Streit mit Klassenkameraden?!"

„Im Himmel ist nur Freude."
„Dann möchte ich jetzt schon im Himmel sein."
Tief betroffen davon, daß die Tochter sich nach dem Himmel sehnt, weil ihr das Leben so schwer erscheint, versucht die Mutter über längere Zeit Dagmars Aufmerksamkeit verstärkt auf die schönen Seiten des Lebens zu lenken. Und das ist in diesem Fall sicher richtig, dem Kind „den Himmel auf Erden" zu zeigen, denn die Hoffnung auf den Himmel darf nicht zu einer Flucht vor dem Leben führen.
Manchmal geben sich Kinder mit der Auskunft, der Tote sei bei Gott, nicht zufrieden. Er liegt ja in der Erde. *Was* ist dann von ihm bei Gott? Viele Erwachsene helfen sich mit der Antwort, die Seele sei bei Gott. Aber was ist die Seele, wird das Kind fragen. „Die Seele", antwortet ein Vater, „ist etwas Unsichtbares im Menschen, das nach dem Tod mit Gott weiterlebt." Nach längerem Nachdenken sagt das Kind: „Aha, die Seele ist ein Fitz vom Hauch vom lieben Gott." Wenn schon von der Seele gesprochen wird, dann wird die Beschreibung des Kindes für Kinder verständlicher sein als die des Vaters.
Tobias (6 J.) verblüfft seine Mutter, sichtlich voller Angst, mit der Äußerung: „Ich will nicht durchgeschnitten werden." Nach Rückfragen bekommt die Mutter allmählich heraus, daß ihm im Zusammenhang mit Omas Tod gesagt worden ist: „Der Körper ist im Grab, die Seele ist bei Gott." Eine solche Aussage legt eine falsche Zweiteilung des Menschen beim Tode nahe, die nach Tobias Vorstellung nur durch Schneiden erreicht werden kann.
Zunächst räumt die Mutter Tobias Angst aus: Kein Mensch wird bei seinem Tod zerschnitten, um zu Gott zu kommen. Dann versucht sie, die Aussage vom Körper im Grab und der Seele bei Gott zu verbessern. „Oma ist ganz bei Gott."
„Aber sie liegt doch im Sarg auf dem Friedhof!?"
„Das stimmt. Aber Oma ist mehr als der tote Körper. Weißt du noch, daß wir oft gesagt haben: ‚Oma, du bist einmalig'? Das stimmt immer noch. Sie ist wie kein anderer Mensch. Wir ver-

wechseln sie nicht mit einem anderen. Wir können sie nicht vergessen. Und Gott vergißt sie erst recht nicht. Er schenkt jedem Menschen das erste Leben, und er schenkt jedem ein neues Leben nach dem Tod."

Anders als in Annäherungen können wir nicht vom Leben nach dem Tod sprechen. Das sollte auch im Gespräch mit Kindern deutlich werden. Wir wissen nicht, *wie* sich Tod und neues Leben vollziehen. Aber wir glauben, daß unser Gott ein Gott der Lebenden ist. Um diese Hoffnung kreist unser Sprechen.

Je mehr die Kinder in größere Gemeinschaften hineinwachsen, desto mehr werden sie auch mit dem Leid und dem Tod anderer Menschen in Berührung kommen. Zwei Mädchen kommen am Sonntag aus der Kirche und sind auf dem Heimweg. Ein rasender Autofahrer gerät auf den Bürgersteig und erfaßt die beiden. Sie sind verletzt und müssen ins Krankenhaus. In der Gemeinde sind die Sorge und die Aufregung groß, besonders bei den Kindern, die in diesem Jahr zur Kommunion gehen, denn die beiden Mädchen gehören zu dieser Gruppe. In der nächsten Gruppenstunde ist nur von dem traurigen Unfall die Rede und vom Tod. Inzwischen hat sich herausgestellt, daß die Verletzungen leicht sind – Gott sei Dank! Aber die Äußerungen und Fragen der Kinder sind da: Kann der Tod so plötzlich kommen? Warum müssen Kinder schon sterben? Hat Gott den Autofahrer auch gern? Ich habe jetzt Angst, bei einem Unfall zu sterben. Und ein Kind sagt: „Wenn die Sonja gestorben wäre, hätte ich nicht mehr geglaubt, daß Gott gut ist!" Wie kann der Erwachsene die Zweifel des Kindes nachfühlen! Solche Situation ist eine harte Anfrage an den eigenen Glauben. Die Katechetin weist auf Jesus hin – *den* Grund für unsere Hoffnung: Er war auch noch jung. Er wollte sicher gerne leben. Gewiß wäre er lieber einen sanfteren Tod gestorben, aber er hat sich nicht geweigert, am Kreuz zu sterben. Und Gott hat ihn nicht im Stich gelassen, er hat ihn aufgeweckt zu einem neuen herrlichen Leben. – Als Jesus auf der

Erde lebte, setzte er sich mit Menschen auseinander, die nicht an die Auferstehung glaubten. Dabei sagte er von Gott: „Er ist doch nicht der Gott der Toten, sondern der Gott der Lebenden“ (Mt 22, 32b). Jesus hat das nicht nur verkündigt, sondern als er selbst leiden mußte, geglaubt: Gott ist gut. Er will das Leben und die Gemeinschaft über den Tod hinaus.

Erfahrung mit Sterbenden

Trotz der Hoffnung auf die Auferstehung ist der Tod bitter. Die Trennung von einem lieben Menschen tut weh. Das erfahren auch Kinder, und Erwachsene können sie nicht vor dem Schmerz bewahren. Eltern meinen oft, ihre Kinder sollten keine toten oder sterbenden Angehörigen sehen, weil der Anblick des entstellten Gesichts unerträglich sei, die Erinnerung belaste und die Trauer nur noch größer mache. Ich denke anders, vielleicht weil ich nicht das Aussehen meiner sterbenden Großmutter behalten habe, sondern ihre lieben Worte: „Ich habe dich immer sehr gern gehabt.“

Von einem Sterbenden kann eine große Ruhe ausgehen. Und wer einmal miterlebt hat, wie ein Mensch gläubig stirbt, wird einem Kind oder Jugendlichen diese Erfahrung sogar wünschen, weil sie den Glauben an ein neues Leben in Gott stärken kann.

Erwachsene können die Erfahrungen, die Kinder mit Kranken und Sterbenden machen, nicht im voraus überschauen. Es ist nicht gesagt, daß ein Kind die Belastung nicht erträgt und verkraftet, aber natürlich braucht es Hilfe und Begleitung.

Die zehnjährige Sonja hängt sehr an ihrer Oma, sie ist als Kleinkind bei ihr aufgewachsen. Die Oma scheint ihre wichtigste Bezugsperson zu sein. Da Sonja sehr redefreudig ist, erzählt sie in der Gruppe oft, was die Oma bei dieser oder jener Gelegenheit sagt und tut. Nun wird die Oma krank. Sie muß ins Krankenhaus, kurze Zeit besteht Lebensgefahr, aber nach

einiger Zeit geht es ihr wieder besser. All das erfährt die Gruppe. Eines Tages, als alle damit rechnen, daß sie wieder ganz gesund wird, stirbt die Oma plötzlich. Sonja fehlt in der Gruppenstunde, aber beim nächsten Mal ist sie wieder da. Eins der Kinder fragt nach der verstorbenen Oma. Und das tut Sonja, die sehr traurig wirkt, sichtlich gut.
Sie erzählt davon, wie sie die Oma zum letzten Mal vor der Beerdigung gesehen hat. Es hört sich fast schwärmerisch an, aber es ist echt, sie hat es so erlebt: „Meine Oma lag da, ganz in weiß gekleidet. Sie lächelte, und sie war so schön. Es geht ihr gut."
Drei Wochen später werden die Kinder aufgefordert, Bilder für einen Fries zum Thema „Dank für die Schöpfung" zu malen, und zwar so, daß jedes Kind nur ein Tier oder eine Blume oder einen Baum darstellt. Sonja malt als einzige – ohne entsprechende Anregung – einen riesengroßen, farbenprächtigen Schmetterling. Ausgerechnet Sonja malt ein Bild, das so lebensvoll und froh wirkt? – Ich denke, daß Sonjas Schmetterling ein Symbol für ihre Hoffnung auf ein ganz anderes, neues Leben ist.

Gesprächsanregungen

Auf S. 115 steht das Gespräch zwischen Tobias und seiner Mutter über Omas Tod.

- Können Sie sich mit der Aussage der Mutter anfreunden? Was würden Sie dennoch ändern? Vielleicht finden Sie bessere Formulierungen.

Eltern, die ein Kind verloren haben, neigen dazu, in verklärender Weise von diesem Kind zu sprechen: „Es war das liebste Kind, das man sich vorstellen kann!"

- Wie werden sich diese und ähnliche Redeweisen auf die Geschwister auswirken? Sollen die Eltern überhaupt von dem verstorbenen Kind reden?

Die Bibelstelle von der Frage nach der Auferstehung der Toten ist diesem Kapitel vorangestellt.
Die Sadduzäer stellen eine Fangfrage. Sie wollen mit dem Problem, das sie vorbringen, die Auferstehung widerlegen. Sie übertragen dabei diesseitige Lebensgewohnheiten auf das Jenseits. Von anderen Lebensgewohnheiten ausgehend, tun wir das auch.

- Wie antwortet Jesus auf die Frage? Gibt Ihnen seine Antwort Anhaltspunkte, wie Sie über den Himmel und die Auferstehung sprechen können?

Aus einem Leserbrief
Ein Erlebnis aus jünster Zeit: Mein Dreizehnjähriger, der in der letzten Zeit mit sich seine Probleme hat, worüber wir auch gut miteinander reden konnten, fragte mich ohne Umschweife: Ich kann mit dem Leben nach dem Tod nichts anfangen. Kannst du mir das erklären? Es überkam mich in diesem Augenblick eine Unsicherheit, die ich ihm aber nicht als zusätzliche Belastung zumuten wollte. Meine Antwort lautete: Jörg, du kennst doch das beglückende Gefühl in dir und uns in der Familie, wenn wir an besonderen Festtagen gemeinsam zur Kirche, evtl. auch zur Beichte gehen, anschließend gemütlich hier zusammen sind, alle sind gut miteinander, jeder versucht, dem anderen eine besondere Freude zu machen, dann spürst du ein Glücksgefühl in dir, du möchtest die Welt umarmen, du bist ganz selig. Dieses Gefühl kann man nicht malen, nicht sehen, nicht beschreiben, du erlebst es. – Er nahm es mir ab, weil er dieses Glücksgefühl immer wieder erleben konnte. Ich erklärte ihm dann weiter: Dieses Glücksgefühl ohne Ende, vereint ohne Leid und Sorgen und Schmerzen, so stell' ich mir das Leben nach dem Tod vor.
(Frau und Mutter 11/80, S. 341: L.H. aus H., gekürzt.)

● Können Sie sich vorstellen, daß ein Dreizehnjähriger mit dieser Antwort zufrieden ist? Warum geht das in diesem Fall? Welche Erfahrungen würden Sie bei Ihrem Kind ansprechen, wenn es von Ihnen über das Leben nach dem Tod etwas wissen will?

Feste feiern im Kirchenjahr

Der Einzug in Jerusalem

Als sie in die Nähe von Jerusalem kamen, nach Betfage und Betanien am Ölberg, schickte er zwei seiner Jünger voraus. Er sagte zu ihnen: Geht in das Dorf, das vor euch liegt; gleich wenn ihr hineinkommt, werdet ihr einen jungen Esel angebunden finden, auf dem noch nie ein Mensch gesessen hat. Bindet ihn los, und bringt ihn her! Und wenn jemand zu euch sagt: Was tut ihr da?, dann antwortet: Der Herr braucht ihn; er läßt ihn bald wieder zurückbringen. Da machten sie sich auf den Weg und fanden außen an einer Tür an der Straße einen jungen Esel angebunden, und sie banden ihn los. Einige, die dabeistanden, sagten zu ihnen: Wie kommt ihr dazu, den Esel loszubinden? Sie gaben ihnen zur Antwort, was Jesus gesagt hatte, und man ließ sie gewähren. Sie brachten den jungen Esel zu Jesus, legten ihre Kleider auf das Tier, und er setzte sich darauf. Und viele breiteten ihre Kleider auf der Straße aus; andere rissen auf den Feldern Zweige (von den Büschen) ab und streuten sie auf den Weg. Die Leute, die vor ihm hergingen und die ihm folgten, riefen:

Hosanna!/ Gesegnet sei er, der kommt im Namen des Herrn!

Gesegnet sei das Reich unseres Vaters David, / das nun kommt. /

Hosanna in der Höhe!

Und er zog nach Jerusalem hinein, in den Tempel; nachdem er sich alles angesehen hatte, ging er spät am Abend mit den Zwölf nach Betanien hinaus (Mk 11,1–11).

Kindergarten-, Schul-, Pfarr- und Straßenfeste sind – um nur einige zu nennen – in den letzten Jahren in Mode gekommen. Damit schlägt das Pendel deutlich zur anderen Seite aus: Jetzt steht das Feiern hoch im Kurs, nachdem jahrelang Arbeit und Leistung und eine entsprechende Feiermüdigkeit im Vordergrund standen. Was immer sonst an Gründen dahinterstecken mag, ein Grund wird auf jeden Fall deutlich. Der Mensch kann

nicht leben, nur um zu arbeiten. Ein Leben ohne Fest leidet unter Mangel, es erscheint früher oder später nicht lebenswert. Ob Familienfeste und kirchliche Feste, die in der Familie weitergefeiert werden, auch im Aufwind liegen, bleibe dahingestellt. Sicher ist, daß der Glaube wie das Leben unter Mangel leiden, wenn sie nicht gefeiert werden. Der Grund für eine Feier ist nicht ein für alle Male bewußt. Es ist gut, ihn in Abständen neu zu bedenken und den Kindern weiterzusagen. „Warum feiern wir heute dieses Fest?" fragt bei jeder jüdischen Passahfeier das jüngste Kind in der Versammlung, und es bekommt vom Hausvater den Grund für die Feier genannt. Mit der Frage und der Antwort wird allen anwesenden Feiernden ins Gedächtnis gerufen, warum sie dieses Fest feiern. Diese Zeremonie beruht auf einer alttestamentlichen Weisung an die Erwachsenen, den Kindern zu sagen, was die Feier bedeutet, indem sie von Gott erzählen, der Israel aus Ägypten befreit hat (Ex 12, 25–27; 13, 8).
Anders als durch Erklären und Erzählen können auch unsere Kinder nicht erfahren, warum wir Weihnachten, Ostern, Pfingsten . . . feiern. Der Grund für die Feier muß zur Sprache kommen, denn er erschließt sich nicht von selbst, weder aus dem Namen des Festes, noch aus der Festvorbereitung oder aus der Art der Feier.

Advent und Weihnachten feiern

Weihnachten – kein zweites Fest wird bei uns in Deutschland so groß gefeiert. Kein zweites Fest weckt soviel Vorfreude und Erwartung. Es gibt aber auch kein zweites Fest, das so sehr in die Diskussion geraten ist.
Im vorigen Jahr hörte ich in einer Drogerie, wie eine Verkäuferin einem Mann ein frohes Fest wünschte. Der erwiderte den Wunsch keineswegs. Er polterte los: „Damit habe ich nichts am Hut. Weihnachten ist Geschäftemacherei und sonst

nichts!" – Es ist sicher richtig, daß Geschäftemachen, Geschenkerummel und Weihnachtsfeiern von allen möglichen Gruppierungen den Sinn des Festes verdunkeln. Aber ist es „sonst nichts"? Sollen wir aus Protest gegen falsche Entwicklung das Fest ausfallen lassen? Sollen wir unsere Kraft für Proteste einsetzen? Oder unsere Phantasie benutzen, um Mittel und Wege zu finden, Advent und Weihnachten auch in unserer Zeit sinnvoll zu feiern? Außerdem: Sind wir das Fest nicht ohne alles Wenn und Aber unseren Kindern einfach schuldig? Ja und nein! *Nein,* wenn Weihnachten in unseren Augen ein Kinderfest ist, das wir veranstalten, um uns an der Freude der Kinder über die Geschenke und die Feier zu ergötzen. *Ja,* wenn wir die Botschaft von Weihnachten als gute Nachricht für alle Menschen verstehen, die wir unseren Kindern nicht vorenthalten wollen. Der Inhalt des Festes als Ereignis, die Geburt Jesu, ist eigentlich schnell erzählt und sicher Grund genug zum Feiern. Aber können wir den Inhalt so schnell verstehen, wie wir ihn hören und mitteilen? Die Frage, was die Menschwerdung Christi, unsere Erlösung, bedeutet und was sie mit unserem Leben und dem der anderen zu tun hat, kann uns lange und immer wieder beschäftigen. Das braucht nicht im Advent zu sein. Dennoch tut es uns gut, der Frage in dieser bestimmten Zeit mit anderen, mit der Kirche, besonders nachzugehen.

Advent – Vorbereitung auf Weihnachten

Die innere Einstimmung auf das Fest, nicht die „Weihnachtsstimmung", aber die Besinnung darauf, was wir eigentlich feiern wollen, geht der Überlegung voraus, *wie* wir feiern können. Verfahren wir umgekehrt, wird die Vorbereitung eine Zeit der Hast und Ermüdung.

Die Besinnung auf Gottes Menschwerdung und unsere Menschwerdung kann dazu führen, daß wir merken, unser Leben darf nicht nur aus Arbeit, Alltag und Hektik bestehen, es muß auch Zeit für Ruhe und Feiern und schöpferisches Tun geben. Wie wichtig das ist, können wir sehr gut an der Lebensweise unserer Kinder ablesen. Sie sind offen für Spiel und Feier. (Wenn Kinder keine Lust dazu haben, wenn sie nicht spielen und feiern können, sind sie von ihrer Umwelt krank gemacht.) Wenn Großeltern und Eltern in der Adventszeit werden „wie die Kinder" und mit ihren Kindern spielen, backen, singen, basteln und erzählen, dann werden aus dem gemeinsamen Tun Freude und Beglückung entstehen und die Erfahrung, daß Für-einander-Dasein sich nicht darin erschöpft, für das täglich Notwendige (und oft Überflüssige) an leiblichen Bedürfnissen zu sorgen. Das ist eine mögliche Erfahrung von Mensch-Werden.

Seit eh und je gehören zu Weihnachten Geschenke. Kinder sind besonders begabt, Geschenke selbst zu basteln und herzustellen. Es gibt dazu soviele Tips in Bastelbüchern und Zeitschriften, daß hier auf Anregungen verzichtet wird. Kinder, die ein Bild malen, ein Gedicht abschreiben oder selbst schreiben, einen Stern basteln oder Plätzchen backen und verschenken, erleben die Freude am gelungenen Werk, die Vorfreude auf die Freude des Beschenkten, und sie spüren, was Schenken bedeutet: etwas von sich selbst – der Phantasie, den Fähigkeiten, der Ausdauer – geben. Sie können ihre Erfahrungen mit der Aussage der Eltern in Verbindung bringen: „Wir beschenken uns zu Weihnachten gegenseitig, weil Gott uns seinen Sohn schenkt."

Kindern, die dazu erzogen werden, Geschenke zu kaufen, bleiben diese wertvollen Erfahrungen verschlossen. Erwachsene, denen ein von Kindern gekauftes Geschenk mehr Freude macht als ein selbstgemachtes, müssen sich darüber klar sein, daß sie dazu beitragen, schöpferische Fähigkeiten ihrer Kinder zu verschütten.

Das Nikolausfest

Von den Heiligenfesten im Advent ist das Nikolausfest das beliebteste bei Kindern. Es wird in den verschiedenen Gegenden unseres Landes mit den ortsüblichen Bräuchen gefeiert. Manche dieser Bräuche sind allerdings eher „Mißbräuche"; so der Knecht Ruprecht, die Rute und der Sack für die unartigen Kinder. Kinder, die nur aus Angst vor dem „Nikolaus" lieb und brav sind, werden dann eben nur einmal im Jahr lieb und brav sein und vielleicht noch immer dann, wenn eine Belohnung winkt. Das kann wohl kaum im Sinne des heiligen Nikolaus sein. Großeltern und Eltern sollten sich fragen, was der jeweilige Brauch mit dem Heiligen zu tun hat, dessen Güte und Kinderliebe gefeiert werden soll. Dann muß Unpassendes wegfallen und Neues gefunden werden. Das tut dem Fest keinen Abbruch. Dem Fest wird auch nichts an Gehalt und Fröhlichkeit genommen, wenn der „Nikolaus" statt geheimnisvoll aus dem Himmel zu kommen, von einem Erwachsenen gespielt wird, der sich im Beisein der Kinder ankleidet. Auf jeden Fall ist eine Feier in der Familie mit Liedern, Gedichten, Legenden und kleinen Geschenken schöner und sinnvoller als ein Teller mit Süßigkeiten, von einem anonymen Nikolaus ans Bett gestellt.

Ein Adventskalender für die Familie

Wie man Nikolaus feiern, den Advent, besonders die Sonntage, den Heiligen Abend und die Weihnachtstage gestalten kann, dazu gibt ein Adventskalender[12] neuen Stils eine Fülle von Anregungen. Ein Mädchen aus Deutschland und ein Junge aus einem jeweils anderen Land der sogenannten Dritten

[12] Wir sagen euch an: Advent, Hrsg. Bistum Essen, Dezernat für pastorale Dienste, Burgplatz 3, 4300 Essen.

Welt führen durch den Kalender. Die beiden stellen die Verbindung zwischen Advent und „Adveniat“ her, wodurch auch Kinder verstehen lernen: Weihnachten ist nicht nur ein Fest für die Familie, sondern ein Fest für die gesamte Menschheitsfamilie. Der Blick auf die anderen macht uns schmerzlich bewußt, wie viele Menschen in Armut und Hunger menschenunwürdig leben.

Wo wir helfen können, wird ein wenig mehr Frieden auf Erden Wirklichkeit.

Es gibt Jugendliche, die wegen der Not von Menschen in ihrer Nähe Weihnachten nicht in der Familie feiern mögen. Sie finden es richtiger und sinnvoller, am Heiligen Abend bei einsamen oder kranken Mitmenschen zu sein. Es wird Eltern nicht leicht fallen, auf einen solchen Wunsch einzugehen, aber vielleicht können sie doch – wenn sie das Engagement des Jugendlichen bedenken – Verständnis für sein Vorhaben aufbringen.

Kinder sollten überhaupt, je älter sie werden, in die Überlegungen zur Gestaltung des Weihnachtsfestes einbezogen werden. Dabei kann es geschehen, daß eine Feier, die immer so war, erheblich anders wird. Das muß kein Verlust sein. Im Gegenteil. Je stärker ein Fest von der Phantasie und Begabung aller Beteiligten mitgestaltet wird, desto mehr Freude macht es. Freude und Friede gehören von der Wortbedeutung her zusammen, beide sind Verheißungen der Weihnachtsbotschaft.

Zum Weihnachtsfestkreis gehört das Fest der Erscheinung des Herrn am 6. Januar. Jesu Herrlichkeit wird offenbar und anerkannt. Die Antwort des Menschen auf die Offenbarung des Christ-Königs sind Anbetung und Huldigung, verkörpert in den Weisen aus dem Osten. Als Zeichen dafür werden in der Krippe in der Kirche und bei vielen Familien zu Hause die drei Könige aufgestellt. Außerdem gibt es in vielen Gegenden auch lebendige Dreikönige. Sie ziehen von Haus zu Haus, singen oder sagen einen Segensspruch und sammeln Geld oder

Geschenke. Aus diesem alten – zeitweise vergessenen Brauch – hat sich die Sternsinger-Aktion entwickelt. Kinder und Jugendliche ziehen als Könige verkleidet durch die Straßen ihrer Gemeinden und sammeln Geld, nicht mehr für sich selber, sondern für notleidende Kinder in aller Welt, jährlich für ein bestimmtes Vorhaben. Dadurch angeregt, hat das Dreikönigsspiel auch in den Familien Einzug gehalten. Das Verkleiden macht Kindern Spaß, und der Aufwand für die königlichen Gewänder ist gering, wenn abgelegte Kleider und Tücher verwendet werden. Krone und Stern werden aus Silber- oder Goldpapier ein paar Tage vorher gebastelt. Und da die drei Könige einen weiten Weg haben, sind sie einen Wintertag zu Hause mit Umherziehen, Suchen, Singen und Rasten voll beschäftigt. Im Spiel erschließt sich eine bleibende Erfahrung: Fragen und Suchen begleiten den Weg des Menschen zu Gott.

Österliche Bußzeit und Ostern

Warum feiern Christen Ostern? Weil es das Fest der Auferstehung Jesu Christi ist, das ihnen Mut und Hoffnung gibt, die eigene Auferstehung zu erwarten. Der Zugang zur Osterfeier ist schwerer als der zur Feier von Weihnachten, denn im Mittelpunkt steht nicht ein anschaubares Ereignis, die Geburt, der Beginn des Lebens, sondern ein nicht anschauliches Geschehen: die Auferstehung, die Wandlung des Lebens, das völlig anders ist als unsere Erfahrungen bisher. Dennoch gibt es Annäherungen. Es gibt Auferstehung mitten in diesem Leben, etwa wenn der Lebensmut oder die Liebe „gestorben“ waren, danach aber neu belebt werden. Marie Luise Kaschnitz drückt Erfahrungen dieser Art mit den Worten aus: „Manchmal stehen wir auf / stehen wir zur Auferstehung auf / mitten am Tag.“[13]

[13] Marie Luise Kaschnitz, Auferstehung, in: Dein Schweigen – meine Stimme, Gedichte 1958–1961, Düsseldorf.

Die großen Feste im Kirchenjahr haben eine mehrwöchtige Vorbereitungszeit. Für Ostern, das Hochfest der Christen, ist es die österliche Bußzeit. Sie beginnt mit dem Aschermittwoch. Für Kinder im Schulalter sind die Aschenweihe und das Austeilen des Aschenkreuzes eindrucksvolle Handlungen. Heute, da Kinder aus ihrer Lebenswelt keine Asche kennen, wird es allerdings hilfreich sein, wenn sie zusehen dürfen, wie Zweige zu Asche verbrennen. Dann wird die Bedeutung des Zeichens leichter verständlich: Alles vergeht. Der Mensch wird sterben, die Dinge zerfallen, die Zeiten gehen vorbei. Wie jetzt gerade der Karneval, der übermütig und ausgelassen gefeiert wurde. Das ist ein Ende, das auch Kinder oft als schmerzlich empfinden. Aber es ist nötig, das auszusprechen und bewußt zu machen. Der Mensch muß lernen, menschliche Grenzen zu sehen und anzuerkennen. Das Aschenkreuz ist Zeichen der Vergänglichkeit und der Bußbereitschaft. Wer das Aschenkreuz empfängt, bekennt sich als Sünder, der bereit ist, Buße zu tun, das heißt zu Gott umzukehren.

Früher gab es genaue Anweisungen der Kirche, wie die Bußzeit zu halten sei. Das ist neue nicht mehr so. Deshalb hat der einzelne wie die Familie einen großen Freiraum für die Gestaltung. Daß es nicht einseitig um die Übung des Fastens geht, besagt auch die Umbenennung von „Fastenzeit" in „österliche Bußzeit". Dennoch kann das Fasten eine Rolle spielen. Es wird in den Familien heutzutage wohl kaum so gehalten, daß Kinder z.B. auf Süßigkeiten verzichten *müssen* und Bonbons sammeln, die dann am Ende der Fastenzeit in Mengen und auf die Schnelle gegessen werden. Wenn Kinder zum Verzicht auf Süßigkeiten oder auf begehrte Speisen angehalten werden, dann müssen sie den Sinn dieses Tuns verstehen lernen. Aber damit haben auch Erwachsene ihre Probleme:

„Ich faste sowieso, weil ich nicht kugelrund werden will, und ich habe Bekannte, die aus Gesundheitsgründen ab und zu mal Fastenkuren einlegen, oder auch als Sport. Sie wollen herausfinden, ob sie das schaffen. Das alles hat mit Fasten als

Buße oder Umkehr nichts zu tun, auch bei mir nicht. Ich tu etwas, was mir gut tut. Das ist alles." – „Mir tut fasten auch gut. Ich merke, wenn ich weniger Aufwand für mein Essen habe, gewinne ich einen Freiraum, den ich für anderes nutzen kann: für Nichtstun, Nachdenken, Träumen. Das hat für mich viel mit Bußzeit zu tun." – „Und wo ist das Opfer? Wer hat etwas davon?" „Ich selber, zunächst. Umkehren fängt bei mir an."
Wie das Gespräch zeigt, kann Fasten, Verzichten einen Zuwachs an Freiheit bringen. Unter diesem Gesichtspunkt sollten Kinder verzichten lernen. Was ich nicht brauche, das wird für einen anderen frei. Für jüngere Kinder ist das Tun am eindrucksvollsten, außerdem fällt der gemeinsame Verzicht leichter. Aus diesen Gründen kann vereinbart werden, daß die gesamte Familie auf den Nachtisch verzichtet oder einfacher ißt, um das ersparte Geld für Menschen in Not zu spenden oder ein Paket zu packen.
Bußgesinnung zeigt sich nicht nur im Verzicht auf Nahrungsmittel und an den „guten Werken" für andere, die daraus entstehen können. Der Freiraum, der sich aus einem einfacheren Leben ergibt, kann auch dem Familienleben zugute kommen. Büßen und bessern hängen vom Wortursprung her zusammen. Und in welcher Familie gibt es nichts zu bessern? Wie beim Frühjahrsputz aufgeräumt und ausgeräumt wird, so ist es manchmal auch nötig, den Umgangsstil und Gewohnheiten zu verändern oder abzuschaffen und bessere Wege im Miteinanderleben zu finden. Das könnte zum Beispiel dahin führen, mehr Zeit für Gespräche einzuräumen oder für gemeinsames Tun. Das kann auch heißen, Beziehungen zu anderen Menschen aufzunehmen oder zu pflegen. Wie eine Familie die Bußzeit gestaltet, das ist ihre Sache und wird am besten gemeinsam überlegt und vereinbart. Wer Anregungen dafür haben möchte, findet sie in dem jährlich erscheinenden Misereor-Fastenkalender.
Wenn es gelingt, in der österlichen Bußzeit das Leben aus Eingleisigkeit und Enge zu befreien und neu auszurichten,

dann trifft sich das mit der Befreiung des Volkes Israel aus der Sklaverei Ägyptens. Die Liturgie des Osterfestes ist von diesem Geschehen geprägt.

Wenn das Leben in der Familie neu belebt werden kann, ist das eine gute Vorbereitung auf Ostern, wo das unzerstörbare Leben gefeiert wird.

In der Karwoche denkt die Kirche in besonderer Weise an das Leiden Christi. In vielen Gemeinden gibt es am Gründonnerstag Familiengottesdienste und am Karfreitag eine Kreuzwegandacht für Kinder. Wo nicht, werden es die Eltern vom Alter der Kinder abhängig machen, zu welchen Gottesdiensten sie ihre Kinder mitnehmen.

Der Gründonnerstag wird in manchen Familien zu Hause weiter gefeiert. Es gibt in Erinnerung an das Abendmahl ein Festessen mit Lamm, Kräutern, Mazzen und Wein. Die Kinder werden an der Vorbereitung beteiligt und sind beim Festessen dabei.

Die Karwoche ist in der Familie die Zeit der Vorbereitung auf das Osterfest. So liegen die Gedanken an Leiden und Sterben und die Vorfreude auf das Fest der Auferstehung eng beieinander. Von beiden, von Trauer und Freude werden die Gespräche bestimmt sein, die sich ergeben, wenn der Tischschmuck gebastelt, der Osterstrauß mit bemalten Eiern behängt oder eine Osterkerze hergestellt und verziert wird. Es wird auch die Rede davon sein, was der Osterhase und die Ostereier mit dem Fest zu tun haben. Beide sind Zeichen für neues Leben, das sich nicht vom Tod besiegen läßt. Wie es allerdings zu der Erfindung kommt, daß der Osterhase die Eier legt, ist unerfindlich. Möglicherweise ist das Märchen aus dem Wunsch entstanden, auch in unserer Wirklichkeit ein Beispiel dafür zu finden, daß die Gesetzmäßigkeit des uns bekannten Lebens gesprengt wird, daß es also hier auf der Erde schon mehr geben soll, als das Leben normalerweise ergibt. So wie sie erzählt wird, ist die Geschichte vom Osterhasen, der Eier legt, bemalt und versteckt, jedenfalls kein Hinweis auf den Inhalt des

Osterfestes. Und es ist schon erstaunlich, wie zäh manche Eltern daran festhalten, ihren Kindern die Osterhasengeschichte zu erzählen, und zwar mit der Begründung: das Geheimnisvolle und die Vorfreude darauf brauchen Kinder in ihrem oft so sachlichen und nüchtern geprägten Leben. Die Einschätzung, was Kinder (und Erwachsene) brauchen, ist sicher nicht falsch, aber warum brauchen Erwachsene dazu den Betrug? Trauen sie ihren Kindern den Glauben an Jesus Christus, der über den Tod hinaus lebt, nicht zu? Warum? Damit ist nichts gegen Osterhasen und Osterei als österliche Symbole gesagt. Und weil Kinder das Ei mit der harten Schale als Zeichen für ein Leben, das Widerstände durchbricht, verstehen können, sollen sie auch daran beteiligt sein, die Eier zu bemalen und zu verzieren. Warum soll sich eine Familie um die gemeinsame Freude bringen, indem nur die Eltern die Eier färben? Sogar das Eierverstecken muß nicht nur Sache der Erwachsenen sein. Auch den Kindern macht es Spaß, die Eltern Ostereier suchen zu lassen. Je mehr gemeinsames Tun es gibt, desto besser!

Pfingsten

Pfingsten ist ein fast vergessenes Fest. Wenn man Kinder fragt, was Pfingsten ist, antworten sie: Zeit für einen Ausflug oder für kurze Ferien; Erwachsene sagen: Das hat etwas mit dem Heiligen Geist zu tun. Für viele Christen ist „Heiliger Geist“ ein Fremdwort.

„Mit dem Heiligen Geist kann ich nichts anfangen“, äußerte die Patin eines Firmlings bei einem Elternabend im Rahmen der Firmvorbereitung. „Umgekehrt geht's besser. Er kann sicher etwas mit ihnen anfangen“, war die lächelnd und locker gegebene Antwort, die dann zu einem guten Gespräch führte: Er fängt mit jedem Menschen etwas an. So war es auch beim ersten Pfingstfest. Er fing an, der verängstigten Schar von Aposteln Mut zu machen. Er bewirkte, daß Petrus aufstand, vor die Menge trat und eine zündende Predigt hielt. Er wirkt bis heute in jedem Menschen, und an vielen können wir ablesen, daß sie von der Sache Jesu begeistert sind. Heiliger Geist ist Geist Gottes, Geist Jesu Christi, von Jesus den Menschen versprochen für die Zeit nach seinem irdischen Leben. Das feiern wir an Pfingsten: Das Wirken des Heiligen Geistes an den Jüngern und sein Wirken in den Menschen bis heute.

Es gibt zu Pfingsten kein Brauchtum wie in der Weihnachts- und Osterzeit. Das macht es schwerer, das Fest anders als einen Sonntag zu feiern. Andererseits sind alle Möglichkeiten der Gestaltung des Festes durch neue Ideen offen. Und es gibt Familien, denen das Fest so wertvoll ist, daß sie es auch auf besondere Weise feiern.

Wer ältere, schon gefirmte Kinder hat, hat es da leichter. Pfingsten kann in diesem Fall in Erinnerung und als Erneuerung der Firmung gefeiert werden. Die Firmpaten werden eingeladen zu einem festlichen Frühstück oder Kaffeetrinken. Vielleicht gibt es Bilder von der Firmung, auf jeden Fall gibt es viel zu erzählen und von den Liedern, die damals gelernt wurden, werden wenigstens noch die „Schlager" gemeinsam gesungen. In ähnlicher Art kann Pfingsten auch in Erinnerung an die Taufe gefeiert werden, besonders wenn der Tauftag eines Kindes Pfingsten war.

Andere Familien treffen sich nach dem Familiengottesdienst zu einem gemeinsamen Frühstück. Der Tisch ist mit roten Kerzen und roten Blumen geschmückt. Rot ist die Farbe für die Liebe Gottes. Auf dem Tisch liegt ein Pfingstkranz aus Buchsbaum. Er wird gedeutet als Zeichen für die Freundschaft und Liebe untereinander, bei der die Liebe Gottes im Spiel ist. Nach dem Frühstück brechen alle zu einer Wanderung auf. Zum Abschluß gibt es ein Pfingstfeuer, an dem Stockbrot gebacken wird. Mit Essen, Erzählen und Singen endet der gemeinsame Tag.

Wenn der Unternehmungsgeist einer Gruppe andere ansteckt

mitzumachen und wenn durch gemeinsames Tun und gegenseitiges Verstehen Gemeinschaft entsteht oder gestärkt wird, dann ist Pfingsten Wirklichkeit.
Gelungene Feiern sind ein paar Stunden Glück, aber nicht nur das. Sie wirken auf das Leben im Alltag zurück, weil sie helfen, bewußter zu leben, weil sie helfen, die Hoffnung zu stärken, daß das Leben gelingt.

Gesprächsanregungen

Programm für einen Nikolaus-Nachmittag mit zwei oder drei Familien:
Kaffeetrinken mit Weckmannessen
Adventslied
Die Großen erzählen von Nikolausbräuchen und Erlebnissen aus ihrer Kindheit
Erzählen der Legende von Nikolaus und den drei Mädchen
Stegreifspiel zu der Legende
Lied: Laßt uns froh und munter sein
Wer in der Legende den Nikolaus gespielt hat, kleidet sich jetzt als Nikolaus an
Lied: Nikolaus, St. Nikolaus
Der Nikolaus schenkt jedem einen Teller mit Süßigkeiten
Lied: Niklaus ist ein guter Mann (3. Strophe von: Laßt uns froh . . .)

- Wenn Sie schon ähnlich gefeiert haben, erzählen Sie von Ihren Erfahrungen. Wenn nicht, überlegen Sie miteinander, ob eine Nikolausfeier dieser Art für Sie in Frage kommt. Entwerfen Sie ein Programm!

Christoph (6 J.) sagt zu seiner älteren Schwester: „Ich hab jetzt raus, wer das Christkind ist: Mama und Papa!“ Die

Schwester (8 J.) antwortet: „Mama und Papa sind nicht das Christkind, sie sind die Freudenschenker."

- Wie sprechen Ihre Kinder vom „Christkind"? Was halten Sie von der Redeweise: „Das bringt das Christkind"? Erinnern Sie sich noch, welche Vorstellungen das Reden „vom Christkind" in Ihnen geweckt hat, als Sie Kind waren? Vielleicht hat die Wendung „Das bekommst du vom Christkind" einmal bedeutet: „Das bekommst du, weil das Christkind geboren ist." Halten Sie es für möglich, die Wendung in diesem Sinn zu gebrauchen?

Von den Festen im Kirchenjahr wird das Pfingstfest am wenigsten gefeiert. Das ist schade. Im Text sind einige Anregungen zur Gestaltung von Pfingsten gegeben.

- Haben Sie andere Vorstellungen und Wünsche, wie Pfingsten gefeiert werden kann? Haben Ihre Kinder Wünsche und neue Ideen? Sammeln Sie in Ihrer Gruppe, was Ihnen zu „Pfingsten entdecken" einfällt.